Peter Trummer

Den Herzschlag Jesu erspüren

Peter Trummer

Den Herzschlag Jesu erspüren

Seinen Glauben leben

HERDER

FREIBURG · BASEL · WIEN

MIX
Papier aus verantwortungsvollen Quellen
FSC® C083411
www.fsc.org

www.herder.de
Umschlaggestaltung: Verlag Herder
Umschlagmotiv: Agapemahl, frühchristl. Wandmalerei, erste Hälfte 3. Jh., Priscillakatakombe, Rom; akg-images
Satz: Barbara Herrmann, Freiburg im Breisgau
Herstellung: CPI books GmbH, Leck
Printed in Germany
ISBN Print 978-3-451-39020-3
ISBN E-Book (PDF) 978-3-451-83020-4

Dem unbekannten Gott

Inhalt

Vorwort

Die Kirchen sind mehr oder weniger in der Krise, das Jesuanische ist es nicht. Denn die Kirchenkrise ist eine solche des Amtes, der Institutionen und nicht mehr überzeugender Botschaften. Jesus aber sprach vom Gott aller Menschen, und der lässt sich nicht einfach konfessionell-institutionell vereinnahmen. Mehr denn je hört eine bunter und hoffentlich freier werdende Gesellschaft bei unseren Glaubensgesprächen mit und fragt, was das für sie wohl bedeuten könnte. So gesehen ist Religion nie nur Privatsache, unterliegt nicht nur dem Monopol und der Sprachhoheit der sie beanspruchenden Gruppen, sondern ist von allgemeinem Interesse, gerade was ihre gesellschaftlichen und politischen Auswirkungen betrifft.

Tatsache jedoch ist, dass viele christliche Auskünfte und Riten auch für Noch-Kirchen-Mitglieder unverständlich geworden sind. Sie bieten wenig Anreiz, ihnen innerlich zuzustimmen bzw. äußerlich noch beizuwohnen. Wie sollen sie erst Außenstehende und Andersdenkende erreichen oder gar berühren? Doch unser Leben ist zu kurz, um darauf zu warten, bis die Institutionen sich vielleicht doch bewegen. Wir kommen nicht umhin, selbst mehr Verantwortung auch im Spirituellen zu übernehmen, wieder mehr jesuanisch feiern zu lernen, sowohl zusammen mit unseren Ortskirchen als auch souverän im familiären Rahmen, der für das frühe Christentum den einzigen Entfaltungsraum darstellte.

Für solch (in)formelle »Versammlungen« (was *ekklēsía* als Kirche ursprünglich meint) möchten die vorliegenden Essays den Tisch des Wortes abwechslungsreich und nahrhaft decken und dazu einladen, den jesuanischen Herzschlag neu zu erspüren und gemeinsam nach Formen zu suchen, die einer *lebendigen, logischen* und leibhaften *Ehrerbietung* vor dem Numinosen (vgl. Röm 12,1) entsprechen. Die Fünf-Minuten-Kapitel reinigen einige biblische Perlen vom Staub der Jahrhunderte und von verkrusteten Einfassungen. Obwohl möglichst systematisch angeordnet, können sie je nach Lust und Bedarf auch kreuz und quer betrachtet werden. Einige Motive klingen somit mehrmals (mit Querverweis), jedoch immer in Variationen an.

Trotz aller inneren und äußeren Schwierigkeiten, die uns gerade in diesen Tagen bedrängen: Der Kairos ist da. Lasst uns umdenken und dankbar im Namen Jesu das Brot brechen und miteinander essen, über alle konfessionellen und sonstigen Grenzen hinweg! Denn das ist das Wesentlichste am Christentum und bringt uns seinen, nein den Gott aller Menschen leibhaft nahe wie sonst nichts auf der Welt. Nur von solchen Gottesdiensten werden sich Menschen auch in Zukunft noch ein Stück abschneiden, um ihren Hunger nach Leben zu stillen.

Graz, 13. April 2021 *Peter Trummer*

Zu den verwendeten Bibelübersetzungen

In den folgenden 32 Kapiteln gebe ich in *kursiver Schrift* die biblischen Texte in meiner eigenen Übersetzung wieder. In Anführungszeichen zitiere ich andere Übersetzungen, vor allem zwei: (1) die katholische Bibelübersetzung (= die sogenannte Einheitsübersetzung, immer abgekürzt EÜ) in ihrer revidierten, aktuellen Fassung (Einheitsübersetzung der Heiligen Schrift, vollständige durchgesehene und überarbeitete Ausgabe, 2016) sowie in ihrer ursprünglichen (ersten) Fassung (1980); (2) die evangelische Lutherbibel, aktuell in der revidierten Fassung von 2017.

1

Wie heute noch von Gott reden?

Keine Religion kann in einer modernen Gesellschaft den Anspruch erheben, die einzig wahre zu sein, wie es die katholische Kirche in meiner Kindheit und Jugend in Österreich noch flächendeckend und selbstbewusst getan hat. Es war die Zeit, in der nach der (un)heiligen Allianz zuerst mit der Monarchie, dann mit dem Ständestaat und schließlich dem Nazifaschismus die Demokratie erst mühsam eingeübt werden musste, während das Verhältnis von Kirche und Staat weiterhin durch die schon zuvor abgeschlossenen autoritären Konkordate mit dem Vatikanstaat geregelt wird.

Niemand sollte heute noch im Namen Gottes sprechen, denn das riecht zu sehr nach Machtmissbrauch. Doch ein solcher wurde lange praktiziert, wenn Menschen im Namen Gottes und mit dem Segen der Kirche in den Krieg geschickt und zu Handlungen angehalten wurden, die niemals im Sinne des Schöpfers sein konnten.

Zudem gilt heute mehr denn je: Wer nur eine Religion kennt, kennt keine, während noch vor 60 Jahren eine nichtkatholische Gottesdienstgemeinschaft als so schweres Vergehen galt, dass schon eine einzige Teilnahme am evangelischen Abendmahl genügte, um den angestrebten Priesterberuf durch den Bischof in Frage zu stellen, obwohl schon damals in der Bibelauslegung konfessionelle Unterschiede kaum noch eine Rolle spielten. Dennoch besteht zwischen den christlichen Konfessionen nach wie vor Zerrissenheit bzw. von den Orthodoxen und Katholiken her offene Zurückweisung am Tisch des Herrn, was erschreckend zeigt, dass sie, um mit Paulus zu sprechen, *nicht richtig hin zur Wahrheit des Evangeliums gehen* (Gal 2,14).

Die moderne Gesellschaft anerkennt keine weltanschaulichen Monopole mehr. Sie ist bunter geworden, politisch, ethnisch, religiös. Das sollte nicht beunruhigen, sondern eine Herausforderung und Chance sein, auch unsere Rede über Gott wahrhaftiger und kommunikativer zu gestalten. Es gibt viele Weisen, über das Unaussprechliche, Transzendente, Ewige oder wie immer zu reden bzw. zu stammeln, nicht nur die, welche der jeweiligen Herrschaft genehm ist (bzw. war) und seit dem Augsburger Religionsfrieden (1555) unsere konfessionellen Landschaften bis heute prägt. Doch war einer redlichen Theologie seit jeher bewusst, dass jede Rede über Gott immer mehr falsch als richtig ist.

Daraus ergibt sich als Konsequenz, dass ein Satz wie: »Es gibt keinen Gott!« sinnvoller sein kann als der erhobene Zeigefinger: »Gott ist ein gerechter Richter, der das Gute belohnt und das Böse bestraft«, wie es der Schulkatechismus seinerzeit einbläute. Es gibt nicht umsonst eine starke Tradition der »negativen Theologie«, die von Gott nur sagen möchte, was er bestimmt *nicht* ist. Ähnliche Vorbehalte gelten freilich auch für die viel strapazierte Vater-Anrede, die an seiner Mütterlichkeit nicht vorbeisehen darf und mit patriarchaler Selbstgefälligkeit und sexistischen Machtansprüchen nichts zu tun hat: *Ihr alle aber seid Geschwister … denn einer ist euer Vater, der himmlische* (Mt 23,8f). Und überhaupt: Was sollen all unsere Bildvergleiche als Aussagen über Gott als reines Geistwesen? Ist das nicht insgesamt schon von vornherein verfehlt?

Dennoch ist eine affirmative, positive Rede von Gott nicht völlig aussichtslos, nicht ohne jede Grundlage und Sinn. Denn wir müssen uns auch einigermaßen darüber verständigen, wenn wir nicht nur betroffen und schweigend an den Übergängen des Lebens nebeneinander stehen wollen. Wir sind neben aller bewundernswerten Biologie und Psychologie höchst rätselvolle Geistwesen, die ohne Sinn nicht leben können, sind in die Evolution des Lebens eingebunden, alle ohne Unterschied Gebilde desselben Schöpfers, tragen etwas von seinem Schöpfergeist in uns, und sind nach der poetischen Sprache der Bibel sogar so etwas wie *Bild* Gottes (Gen 1,26f), was jedoch nur unter der Voraussetzung gesagt werden kann, dass die Religion bildlos ist und bleibt. (Die Ähnlichkeit dürfte vor allem mit der Beziehungsfähigkeit zu tun haben, und eine solche lässt sich nur sehr schwer darstellen.)

Ebenso wenig kann ein *Wort* Gottes direkt als Schallwelle aus dem Himmel an unser Ohr dringen, sondern es muss als *Menschen*wort mitunter recht mühsam und schmerzlich geboren werden, und das ist auch völlig ausreichend. Es kann nicht alles Weizen sein, es gibt genug Spreu, auch in der Bibel. Doch es genügt, dass wir ein Gewissen bzw. einen göttlichen Funken in uns tragen (Sokrates sprach dabei vom *daimónion*), um Göttliches zu erahnen und so im Universum einen Leitstern auszumachen, nach dem wir uns auf unserem kurzen Weg durch Raum und Zeit ausrichten können. Aber wir dürfen unsere An- und Einsichten nicht anderen aufdrängen, denn wir alle können nie mehr erfassen als unsere jeweiligen kulturellen und persönlichen Bedingungen es derzeit zulassen.

Die Buchreligionen halten ihre Bücher und Traditionen heilig. Und das ist gut so. Doch zu ihrem Verstehen ist eine sorgsame Unterscheidung der Geister nötig, sowohl hüben als auch drüben, sonst ist ein Über-Setzen von einem Ufer zum anderen über die Zeiten und Kulturen hinweg nicht möglich. Denn was vor bald 2000 oder bisweilen fast schon 3000 Jahren niedergeschrieben wurde, ist heute nicht unbedingt in der gleichen Weise verstehbar wie damals und kann manchmal sogar zum Gegenteil des ursprünglich Gemeinten mutieren.

Die alten Orientalen und Semiten beschreiben, selbst wenn sie Griechisch sprechen, die Welt nun einmal völlig anders als wir Menschen von heute, die versucht sind, die Bibel wie einen banalen Tagestext zu lesen. Doch wollten wir ihre tiefsinnige Bildsprache vordergründig real nehmen, kann das nur zu erheblichen Missverständnissen führen (s. 22 und 31). Doch im lateinischen Westen war über ein Jahrtausend lang niemand mehr des Hebräischen oder Griechischen kundig wie noch Hieronymus, der um die Wende vom 4. zum 5. Jahrhundert in Betlehem die lateinische Bibel *(Vulgáta)* erarbeitete, mit einer Kompetenz, die späteren Auslegern fehlte.

Auch unser persönlicher Horizont bestimmt vieles im religiösen Diskurs mit und gibt mitunter verhängnisvolle Zirkelschlüsse vor. Die gängigen Fragen: Wieso das Leid? Warum wurde Gott Mensch? usw. sind oft schon deswegen zum Scheitern verurteilt, weil sie nur die eigenen Denkmuster hochrechnen, womit sich auch die unvermeidlichen Fehlpeilungen unendlich ausweiten, und dann verklagen wir Gott wie Kinder ihre Eltern, dass sie nicht alles bestens gemacht haben – was Beziehungen jedoch kaum verbessert, auch nicht eine Gottesbeziehung. Es kann nur tragisch enden, wenn die Deutung des Kreuzes Jesu menschliche Schuld gegen göttliche Gerechtigkeit und Strafe aufzurechnen sucht und dabei nicht nur das Gottesbild vergiftet, sondern auch die »schwarze Pädagogik«, Todesstrafe und den soldatischen Heldentod rechtfertigt. Dann ist es wirklich besser, an einen solchen Gott nicht zu glauben.

Es kann religiös gesehen nie fertige, ewig gültige Antworten geben. Und wir können uns glücklich schätzen, dass Jesus selbst nichts aufgeschrieben hat. Nur an einer Stelle ist im Evangelium von seinem Schreiben die Rede: *er bückte sich und schrieb (mit dem Finger) in die Erde (nieder)* (Joh 8,6.8, Jesus und die Ehebrecherin), was über die vordergründige Interaktion hinaus ein sinniges Bild für seine Botschaft insgesamt darstellt. Sie ist nie in Stein gemeißelt, sondern zwischen den Zeilen zu suchen, wo auch unser Geist einschwingen und die toten Sprachen und ihre Literatur zu neuem Leben erwecken kann. (Doch auch eine plötzlich aufblitzende Erkenntnis spült der nächste Regen vielleicht schon wieder in den Sand.)

Aus historischer Sicht hatte Jesus gewiss keine so umfangreiche Bibel wie wir heute zur Verfügung (von dem, was üblicherweise Altes oder besser Erstes Testament genannt wird, ist die Rede). Doch sein Gottesverhältnis hat er nicht nur aus ein paar heiligen Schriftrollen erlernt, sondern, durch viel Elternliebe unterstützt, Gott vor allem in sich und in der Natur gefunden. Nicht dass er ihn in der Kindersprache aramäisch *Ábba* nannte, ist das Besondere daran, sondern die Konsequenzen, die Jesus daraus zieht. Sein Gottesbild hat nichts von der Schwere und Askese, die der Frömmigkeit so oft eigen ist (auch dem Bibelübersetzer Hieronymus), sondern er verspricht:

> *ihr werdet für eure Leben/Seelen Ausruhen finden, denn mein Joch ist freundlich/brauchbar und meine Last leichtfüßig.* (Mt 11,29f)

In der Sprache heutiger Psychologie: Jesus hat den manipulierenden Über-Ich-Gott entthront und mit dem himmlischen Vater in der Tiefe seines Herzens kommuniziert. Er hat aus seiner Gotteserfahrung heraus gelebt und sie durch sein ganzes Menschsein weiterzugeben gesucht. Was sich nach dem Johannesevangelium so anhört:

> *Gott hat niemand jemals gesehen … der einziggeborene Gott, der Seiende hin zur Brust des Vaters, jener hat ausgelegt.* (Joh 1,18)

Gemeint ist wohl: Jesus hat sich seinen Gott »zu Herzen« genommen, und ihn auch für uns, jedoch in der Sprache seiner Zeit ausgelegt (da ist doch tatsächlich von ›*Exegese*‹ die Rede). Denn was das alles bedeutet, dürfen wir selbst herausfinden. Seine Botschaft wahrt unsere Würde und Eigenständigkeit bzw. führt direkt darauf zu.

Der einzige Wahrheitserweis, den eine religiöse Aussage, auch eine jesuanische, erbringen kann: Sie zeigt sich allein in den Konsequenzen, die sie für das Leben hat, und nicht nur für das eigene. Denn wenn eine religiöse Aussage nicht für alle Menschen etwas Positives erbringt, egal ob sie daran glauben können oder nicht, kann es jedenfalls keine einigermaßen stimmige Aussage über den einen und denselben Gott aller Menschen sein. Und wenn sie nicht auch etwas grundlegend Heilendes, Heilsames an sich hat, wie es das Neue Testament von Jesus zu vermitteln sucht, liegt sie sichtlich ebenso daneben.

Es stehen also nicht nur die Texte und das Glaubensbekenntnis, sondern auch wir selbst auf dem Prüfstand, und wir werden, wenn wir uns wirklich auf die letzten Fragen des Daseins einlassen, auch mit viel Dunklem und Unbewusstem in uns selbst konfrontiert. Die biblische Antike und das christliche Mittelalter konnten Beziehungen kaum anders denken als in Unter- und Überordnung, in Befehl und Gehorsam, und bis in die Gegenwart hinein spielen Schuldfragen in Konflikten eine zentrale Rolle, obwohl sie zu deren Bewältigung meist nur wenig hilfreich sind. Hier zeigt sich auch der wundeste Punkt im heutigen Christentum: Eine Gottesbeziehung, die immer nur mit Schuld und Vergebung beschäftigt ist, kann nicht als erfüllend und sinngebend erlebt und gelebt werden (s. 11).

Statt ständig um unlösbare Schuldfragen zu kreisen sollten wir uns mit der Einsicht bescheiden, dass *wir* nicht *leben* könnten, wenn es keinen Tod gäbe und vor allem, dass wir gar nicht *lieben* könnten, wenn wir nicht auch *leidensfähig* wären. Wir sagen ja nicht umsonst: »Ich kann dich leiden« und nehmen zu Liebe, Lust und Leidenschaft hinzu auch einiges an schmerzlicher Toleranz und Leid mit in Kauf. Auch die Sache mit Jesus ergibt letztlich nur dann einen Sinn, wenn wir uns damit begreiflich machen können, dass sein Leben und sein Tod auch Gott berühren müssen, wenn er ihn liebt. Und wenn wir Gott solche Emotionen zutrauen, dann können sie keine Ausnahme sein, sondern dann gehören sie zu seinem Wesen, gelten der gesamten Schöpfung, und nicht nur wenigen Auserwählten.

Religiöse Aussagen beziehen also immer alle Menschen ungefragt mit ein. Diese dürfen jedoch durch unsere Selbstzuschreibungen keinesfalls diskriminiert oder gar zur *mássa damnáta* erklärt werden, wie es die Kirche viel zu lange mit ihrer Behauptung tat, dass es außerhalb von ihr kein Heil gäbe. Wahre Religion hat immer und ausnahmslos die Allgemeinen Menschenrechte, die Integrität und Selbstbestimmung, die Würde und das Gewissen jedes und jeder einzelnen im Blick zu behalten. Ein Urteil über die Andersdenkenden, Andersgläubigen steht ihr nicht zu. Sie kann die eigene spirituelle Kompetenz auch nicht an andere abtreten oder delegieren. Denn wir alle werden spätestens im Tod einer Begegnung *von Angesicht zu Angesicht* (1 Kor 13,12) gewürdigt und können deswegen auch hier im Erdenleben nicht auf die Vermittlung einer heiligen »Priesterherrschaft« (Hierarchie) setzen, zumal ihr ohnehin die Ressourcen dafür ausgehen.

Doch geht es nicht nur darum, unzeitgemäße Kirchenstrukturen zu reformieren, sondern zu realisieren, dass keine Religionsgemeinschaft oder Konfession Gott für sich vereinnahmen kann. Denn der *eine* Gott *aller* Menschen ist nur zu ehren und zu verehren, indem wir niemanden mehr von seiner Liebe und unserer Solidarität ausschließen. Dazu hat uns jedenfalls Jesus nachdrücklich ermutigt.

2

Wer war Jesus?

Jesus war ein Mensch mit einer besonderen Gottesbeziehung, die sich in dem einen (aramäischen) Wort *ábba* (so etwas wie Papa) zusammenfassen lässt. Die Frage ist nur, ob er diese Nähe aufgrund besonderer Voraussetzungen schon »aus dem Himmel« mitbrachte oder sie zu unseren normalen menschlichen Bedingungen selbst erspüren lernte. Für sich behalten wollte er seine Erfahrungen jedenfalls nicht, sondern er hat uns im Vaterunser Anteil daran geben wollen (s. 7 und 8). Er gebrauchte ursprünglich nur die schlichte Anrede »Vater«, hat also auch beim Beten deutlich weniger Worte gemacht als die Tradition nach ihm, die ihre Erklärungen nahtlos in sein Gebet einfügte.

Jedoch ist das Gottesverhältnis Jesu nicht leicht zu beschreiben, denn es berührt einige Lehrsätze, die kaum noch hilfreich sind, weil sie unter ganz anderen weltanschaulichen und kulturellen Voraussetzungen entstanden sind. Jesus bekannte sich mit dem jüdischen Glaubensbekenntnis, dem *Schemá Jisraél* (Dtn 6,4f), zum *einen* Gott, und dieses Bekenntnis muss mit allem, was später im Christentum über ihn gesagt werden möchte, kompatibel bleiben. Anderes konnten er und die neutestamentlichen Schriftsteller – sie waren ausnahmslos Judenchristen – nicht im Sinn gehabt haben.

Für sie waren semitische Ausdrücke wie Menschen*sohn* oder Gottes*sohn* völlig geläufig, alltäglich, nicht so abgehoben wie die christliche Theologie sie später definieren wollte. *Adám* z. B. ist dort kein Eigenname, sondern der Mensch an sich, die Menschheit, *Eva* ist *die Mutter aller Lebendigen* (Gen 3,20), ein Menschen*sohn* (hebräisch: *ben-adám*) bezeichnet das männliche Individuum, eine Frauen*tochter* (*bat-hanaschím*) eine konkrete Frau, ein ›*Sohn* des Lichtes‹ hat einen freundlichen Charakter, ein ›Sternen*sohn*‹ (aramäisch: *bar-kóchba*) ist ein »Star« (und Führer des zweiten jüdischen Aufstands). Ein ›Gottes*sohn*‹ schließlich hat eine besondere Verbindung zu Gott bzw. eine Beauftragung von ihm, wie sie auch im israelitischen Krönungsritual bildhaft zum Ausdruck kommt: *Mein Sohn bist du. Ich selber habe dich heute gezeugt* (Ps 2,7) bzw. *Ich habe dich aus dem Schoß gezeugt vor dem Morgenstern* (Ps 110,3; EÜ). Jesus hingegen stellt die Gottessohn- und Gottestochterschaft nicht erst für Könige oder Engel in Aussicht, sondern für das *Friedenmachen* oder die *Feindesliebe* (Mt 5,9.44f). – Fazit: Beziehungen können in diesem Sprachmilieu gar nicht anders ausgedrückt werden als mit Familienbegriffen.

Es sind ausdrucksstarke Bilder, die Nähe vermitteln wollen, aber nicht »verobjektiviert« werden können. Daran kann auch das Große Glaubensbekenntnis nicht viel ändern, wenn es Jesus Christus als »gezeugt, nicht geschaffen« bekennen möchte. Doch die Kirchenlehre unter kaiserlicher Obhut wollte das Wesen der Dinge und die »Natur« von allem ergründen und versuchte, die Person und Persönlichkeit Jesu mit Hilfe der Zwei-Naturen-Lehre zu erklären. Danach kommen in der *einen* Person Jesu *zwei* Naturen zusammen, eine Menschennatur und eine Gottesnatur, und somit war Jesus ganz Gott und ganz Mensch. Doch sein Rätsel oder besser Mysterium war auf diese Art nicht wirklich zu lösen.

Fruchtlos war die Jahrhunderte anhaltende Diskussion um seine Gottesbeziehung dennoch nicht, denn sie führte, wenigstens theoretisch, zur Entdeckung des Begriffs der Person auf Augenhöhe, ganz konträr zum antiken Modell einer Über- und Unterordnung, von Freien bzw. Aristokraten und Untermenschen jeder Art. Erst aus diesen Überlegungen ergaben sich mit langer Zeitverzögerung die Allgemeine Erklärung der Menschenrechte (Vereinte Nationen, 1948) und ihr Artikel 1: »Alle Menschen sind frei und gleich an Würde und Rechten geboren. Sie sind mit Vernunft und Gewissen begabt und sollen einander im Geist der Solidarität begegnen.« So etwas war auch in der christlichen Antike nur im Himmel vorstellbar, während auf Erden Konkurrenz und Ausbeutung angesagt blieben.

Jesu behauptete Gottesnatur war (und ist) noch schwieriger zu beschreiben als die allgemeine Menschennatur. Denn wie sollte man aus dem einen (und noch dazu unbekannten) Gott eine allgemein gültige Gottes-*natur* erschließen? Welch ein Widerspruch! Also beschritt man konsequent den Weg der Verneinung: Sind wir als Menschen von Natur aus sterblich, muss Gott unsterblich sein; während wir uns oft ohnmächtig fühlen, muss Gott allmächtig sein usw. Diesen Denkmustern folgt die Glaubenslehre immer noch. Doch das moderne Weltbild hat sich stark in Richtung Geist und Energie verändert, so dass für einen allzu menschlich bzw. als Mechaniker oder gar Buchhalter gedachten Gott nicht mehr viel Raum bleibt. Auch die Glaubenssprache muss sich wieder mehr in Ehrfurcht üben und einiges von ihrem vermeintlichen Schulwissen als Verlust abschreiben.

Die Bibel bietet eine andere Sichtweise an. Es ist der *Geist* Gottes, eigentlich *die Geistin* (*rúach*: das Wort wird überwiegend weiblich gebraucht), die die Schöpfung bewirkt, und diese führt letztlich auf den Menschen zu (Gen 1f). Folglich muss es auch irgendwelche Entsprechungen zwischen Schöpfer/in und Schöpfung geben, insbesondere zwischen Gott/Göttin und Mensch. Die griechische Bibel spricht dabei vom (zweigeschlechtlichen) Menschen als *Bild* (*eikṓn*) Gottes. Die EÜ machte daraus das »Abbild Gottes« (Gen 1,26f), sprach aber bei Jesus vom »Ebenbild« (2 Kor 4,4; Kol 1,15). Erst die Revision (2016) hat einheitlich auf »Bild« korrigiert, möchte aber die Gottheit Jesu bei anderen Gelegenheiten doch möglichst biblisch bestätigt finden. So in der Lesung der Weihnachtsmette: Wir warten »auf das Erscheinen der Herrlichkeit unseres großen Gottes und Retters

Christus Jesus« (Tit 2,13). Damit wird der Eindruck vermittelt, als ob Gott und Jesus ein und derselbe wäre, und nur eine Fußnote weist darauf hin, dass es auch heißen kann: »des großen Gottes und unseres Retters Christus Jesus«. Dasselbe passiert zu Beginn des 2. Petrusbriefes.

Oder andere Beispiele: Obwohl es im Text heißt: er ist *vor allen,* liest die EÜ aktuell weiterhin: »Er ist vor aller Schöpfung« (Kol 1,17), um so die Idee einer »Präexistenz« Jesu zu belegen. Sogar ein Bibelzitat kann entsprechend aufbereitet werden. So verschweigt der Katholische Weltkatechismus (Nr. 2574) das Wort ›Mensch‹ vor Christus Jesus und ersetzt es durch Auslassungszeichen: *Einer nämlich ist Gott, einer auch* »Mittler zwischen Gott und den Menschen … Christus Jesus« (1 Tim 2,5). Müssen wir uns des *Menschen* Jesus denn schämen, sein Menschsein verschweigen? Oder hoffen wir, dass ohnehin niemand in der Bibel nachschaut?

Die Christologie des Neuen Testaments formuliert zurückhaltend und bewegt sich im Rahmen des jüdischen Glaubensbekenntnisses. Wenn Jesus uns zur Vateranrede Gottes ermutigt, erklärt er implizit alle Menschen zu Töchtern und Söhnen Gottes, macht also keine besonderen Ansprüche für sich selbst geltend. Er versteht sich spätestens seit der Taufe als *geliebter* Gottes*sohn* (Mk 1,11; s. 5), aber auch als *Prophet* (Mk 6,4). Er bekommt noch etliche Titel »nachgereicht«: Er ist der *Heilige und Gerechte* bzw. *Anführer des Lebens* (Apg 3,14f), *Anführer und Vollender des Glaubens* (Hebr 12,2) oder der *Erstling der*

Entschlafenen (1 Kor 15,20), doch bleiben dabei immer wieder auch Andockstellen für uns offen.

Die Zwei-Naturen-Lehre versuchte alles unter einen Hut, die sogenannte hypostatische Union, zu bringen und stand freilich von Anfang an in Gefahr, das Leben Jesu mit zwei unterschiedlichen und doch nur getrennt spielbaren Registern instrumentieren zu wollen. Demnach entsprechen seine natürlichen Regungen wie Hunger, Durst usw. selbstredend der menschlichen Natur, jedoch die Wunder, vor allem die »Naturwunder« bedient er aus seiner göttlichen »Natur« heraus. Doch spätestens beim Tod Jesu legt diese Konstruktion eine Bruchlandung hin, denn die Gottesnatur (sprich: der göttliche »Logos« in Jesus) kann nicht sterben. Also war Jesus ein sterblicher Mensch wie wir oder er ist nicht Mensch geworden. Ein Drittes gibt es nicht.

Die Bibelübersetzung sieht sich vor Probleme gestellt: Soll sie es dem ursprünglichen Wortlaut oder dem späteren Dogma recht machen? Der alte Hymnus, den Paulus zitiert, sagt eingangs nicht wie die EÜ: »Er war Gott gleich«, obwohl es genauer heißen müsste: *er war in der Gestalt Gottes* (Phil 2,6), was nicht dasselbe ist. Auch wenn im Anschluss daran tatsächlich vom Gott-gleich-Sein Jesu die Rede ist, geht die Aussage in die entgegengesetzte Richtung:

> *Er hielt das Gott-gleich-zu-sein nicht für eine Kriegsbeute ... vielmehr entäußerte er sich selbst, nahm Knechtsgestalt an ... erniedrigte sich selbst, wurde gehorsam bis*

> *zum Tod, dem Tod des Kreuzes. Deswegen hat ihn auch Gott ›übererhöht‹ und ihm den Namen geschenkt, den über jedem Namen, damit sich im Namen Jesu jedes Knie beuge … und jede Zunge bekenne: Herr ist Jesus Christus zur Ehre Gottes des Vaters.* (Phil 2,6–11)

Die EÜ liest jedoch weiterhin, »damit alle … ihr Knie beugen / vor (!) dem Namen Jesu«.

So bitte war das nicht gemeint. Auch wenn Paulus Jesus den Gottestitel *kýrios* (Herr) voll und ganz zuerkennt, so möchte er doch damit keineswegs die Einzigkeit Gottes unterlaufen. Paulus hat die Kirchenlehre immer schon fürchterlich mit seinem ultimativen Satz irritiert:

> *Wenn er* [Gott] *aber ihm* [Jesus] *alles untergeordnet hat, dann wird auch der Sohn selbst sich dem unterordnen, der ihm alles untergeordnet hat, damit Gott alles in allem ist.* (1 Kor 15,28)

Passt dann unsere ganze Trinitätstheologie noch?

Ontologisch-metaphysische Spekulationen und entsprechende Dogmen helfen hier nicht wirklich weiter. Denn je mehr sich die Frömmigkeit bemüht, Jesus zu Gott zu erheben, umso weiter rückt sie ihn von uns ab. Also ist es sinnvoller, sich auf die Anthropologie zu beschränken, auf dem Boden des auch für uns Einsehbaren und Möglichen zu bleiben. So betrachtet lebte Jesus sein Leben in der Tat in einem höchst bewundernswerten Gottesverhältnis und zieht immer noch Staunen und reale Wirkung nach sich, obwohl er schon lange tot ist. Sein Geist ist es offensichtlich nicht. Er zeigt uns immer noch, wozu ein Mensch in der Lage ist, wenn er den göttlichen Funken, den wir alle vom Schöpfer mitbringen, in sich zur Entfaltung bringt. Es braucht nicht zwei Naturen, sondern die Beziehungsfähigkeit in beide Richtungen: voll zu Gott/zur Göttin und voll zu den Menschen. Gottes- und Nächstenliebe sind für Jesus zwei Seiten ein und derselben unteilbaren Liebe. Wenn wir dies einmal annähernd realisieren, können wir an seinem wunderbaren Potential teilhaben und vielleicht noch *größere Werke* tun als er (Joh 14,12). Unsere Zeit hätte sie dringend nötig.

3

Was heißt katholisch?

Der erste Timotheusbrief, der die Sammlung der drei Pastoralbriefe (1/2 Tim; Tit) anführt, macht eine fundamentale Aussage über Gott, *welcher will, dass alle Menschen gerettet werden und zur Erkenntnis der Wahrheit kommen* (1 Tim 2,4). Denn bei Glaubensaussagen kann es nie darum gehen, nur die eigenen Schäfchen ins Trockene zu bringen, sondern alles, was wir von Gott sagen und denken möchten, muss für alle Menschen irgendeine positive Relevanz haben. Nur: Was Wahrheit ist, lässt sich nicht ein für allemal festlegen, und wird auch nicht von allen Menschen zu jeder Zeit mit denselben Begriffen und Denkmustern beschrieben werden können. Auch die christliche Theologie ist sich, zumindest in der Theorie, bewusst, dass die »Unähnlichkeit« bei Aussagen über Gott »immer größer ist« (als die Ähnlichkeit), wie sie das Problem vornehm zu umschreiben pflegt (s. 1). Das sollte jedenfalls Bescheidenheit und Toleranz nach sich ziehen.

Die angesprochenen Schreiben sind mehr Kirchenordnungen als wirkliche Briefe und möchten das Amt der Bischöfe, Presbyter, Diakone/Diakoninnen und kirchlich zu versorgender Witwen regeln. Doch auch für sie tritt zum Bekenntnis des einen Gottes hinzu: *Einer ist auch Mittler Gottes und von Menschen, ein Mensch Christus Jesus* (1 Tim 2,5). Das sagen Schreiben, die das Amts*charisma* durch die *Handauflegung des Presbyteriums* bzw. des (virtuellen, »pseudepigraphischen«) Paulus übertragen sehen (1 Tim 4,14; 2 Tim 1,6) und unsere Erlösung *durch ein Bad von Wiedergeburt und Erneuerung heiligen Geistes* feiern (Tit 3,5). Aber auch für sie bleibt ein *Mensch* Christus Jesus der *einzige* Mittler, auch wenn die kirchliche Dogmatik damit vielleicht ihre Probleme hat (s. 2). Doch ein kirchliches Amt braucht keine ethisch-moralischen Höchstleistungen, die »normalen« menschlichen Qualitäten reichen aus. Auch von einem Zölibat ist hier noch keine Rede, ganz im Gegenteil, die Ehe gilt als selbstverständlich, nicht nur für Diakone und Presbyter, sondern auch für das Bischofsamt (1 Tim 3,2.12; Tit 1,6).

Die einzige Mittlerschaft Jesu wird damit begründet, dass *er sich selbst gab als ›Gegenlösung‹ (antílytron) für alle, das Glaubenszeugnis (martýrion) zu eigenen Zeiten* (1 Tim 2,6). Der erste Ausdruck greift ein synoptisches Jesuswort auf (Mt 20,28; Mk 10,45), korrigiert aber dessen missverständlichen Wortlaut, der sich daraus ergibt, dass das Semitische kein Wort für ›alle‹ kennt und somit eine wörtliche Übersetzung ins Griechische sich als *false friend* erweist. Die Pastoralbriefe deuten das ›anstelle von *vielen*‹ griechisch korrekt auf ›für *alle*‹ um, weil vom Heil in Jesus Christus kein Mensch ausgeschlossen werden darf.

Doch sowohl die revidierte EÜ (2016) als auch die Lutherbibel 2017 lesen an beiden Stellen »Lösegeld« und bleiben in einem irreleitenden Schuld- und Strafdenken befangen. Ein solches ist jedoch schon vom Kontext her ausgeschlossen, denn dieser spricht vom *schönen Glaubenszeugnis,* das Jesus *zu eigenen Zeiten* gegeben hat, und zwar *auf Pontius Pilatus* hin, wie später noch näher präzisiert wird (1 Tim 6,13). Die Erlösung besteht also nicht darin, dass Jesus offene menschliche Schulden gegenüber Gott durch sein gehorsames Kreuzesleiden beglichen hätte, sondern dass er sein Glaubenszeugnis für einen bedingungslos gütigen Gott mit dem Kreuz besiegelt hat (s. 19).

Die oft unterschätzten Briefe stammen nicht von Paulus, verehren ihn aber als *Herold und Apostel, als Lehrer der Völker in Glaube und Wahrheit* (1 Tim 2,7) und führen seine Intention so gut wie möglich weiter. Paulus war es, der als hochgebildeter Diasporajude einen weiteren Horizont als die historischen Jesusbegleiter aus dem kleinen Galiläa mitbrachte. Er gelangte immer mehr zur Überzeugung, dass die Jesusidee nicht nur innerhalb des Judentums und seiner Beschneidung gelebt werden dürfe und wollte deswegen die Heidenchristen davon befreit wissen, was ihm jedoch die tödliche Feindschaft des Judentums, das sich in seiner Identität bedroht fühlte, eintrug. (Das Beschneidungsverbot unter Kaiser Hadrian wurde denn auch zum Anlass des zweiten jüdischen Aufstands in den Dreißigerjahren des 2. Jahrhunderts unter seinem Führer Bar Kochba.) Paulus selbst wollte die Lebensverbindung seiner heidenchristlichen Kirchen zum Judentum nie durchtrennen (Röm 11) und nahm sie diesbezüglich auch in Pflicht. Sie sollten die Jerusalemer Christinnen und Christen, die aus dem Sozialsystem der Synagoge herausgefallen waren, finanziell unterstützen (2 Kor 8f), denn die Jesusreligion war und ist ohne ausgleichende Gerechtigkeit nicht zu leben (s. 27).

Doch auch die Judenchristen und -christinnen wurden durch die äußeren Umstände ziemlich abrupt aus dem jüdischen Mutterschoß ausgetrieben. Am ersten jüdischen Aufstand (ab dem Jahr 66 n. Chr.) nahmen sie im Sinn der jesuanischen Gewaltlosigkeit nicht teil (s. 6), was den Eiferern (*Zelóten*) als Hochverrat galt, und nach der Zerstörung Jerusalems und des Tempels 70 n. Chr. fiel das Land ohnehin an den Sieger und konnte nur teuer zurückgekauft werden. Also hieß es für die meisten, bettelarm in die Diaspora auszuwandern. Doch versuchten sie, auch dieses Schicksal noch als Nachfolge Jesu zu verstehen, um seinen Auftrag zu erfüllen: *Geht nun, macht zu Jüngern und Jüngerinnen alle Völker* (Mt 28,19). Die Zukunft der Kirche lag außerhalb der Heimat Jesu.

Das offizielle Rom zeigte kein sonderliches Interesse an der neuen Strömung, hielt sie eher für ein innerjüdisches Geplänkel, außer dass sie wegen ihrer Ablehnung des Kaiserkultes ins Visier der Behörden geriet und öfters verfolgt wurde (s. 31), was ihre weitere Verbreitung nicht verhinderte, denn die gelebte Gastfreundschaft einschließlich der sozialen Fürsorge für Witwen (1 Tim 5) und Bedürftige wurden in der nicht gerade solidarischen antiken Gesellschaft als höchst attraktiv erlebt. (Die stadtrömische Kirche bediente schon im frühen 2. Jahrhundert eine beachtliche Liste von Gehaltsempfängern und -empfängerinnen und zahlte auch dem um 144 von ihr ausgeschlossenen Markion sein in die Gemeinde eingebrachtes Vermögen wieder aus. Seine judenfeindliche »Reinigung« der Bibel war eindeutige Häresie.) Armenien, das nicht zum Römischen Reich gehörte, wurde zur ersten christlichen Nation der Weltgeschichte (301 n. Chr.).

Auch Konstantin, der im frühen 4. Jahrhundert die Alleinherrschaft über das mittlerweile viergeteilte Römerreich erkämpfte, setzte auf das Christentum, das noch eine bescheidene Minderheit war, als neue Reichsreligion und taufte so den alten Kaiserkult um, obwohl er mit der eigenen Taufe bis auf dem Totenbett (337) wartete. Er berief schon im Jahr 325 das erste Ökumenische Konzil in seinen Sommerpalast nach Nizäa ein und ließ Jesus als mit Gott »wesensgleich« (*homooúsios*) definieren, obwohl »wesensähnlich« (*homoioúsios*) vielleicht stimmiger gewesen wäre. Doch eigentlich war es ein Streit um des Kaisers Bart bzw. um den griechischen Buchstaben Jota, denn mit beiden Formeln ließ sich genauso viel Richtiges wie Falsches behaupten. Wer weiß schon, wie es im Himmel wirklich ist? Für den Kaiser aber sollten theologische Streitigkeiten, die sich die Kirche mit ihrer neuen Freiheit erstmals leisten konnte, nicht die Einheit des Reiches gefährden. Also wurde vorgeschrieben zu glauben, was ihm richtig schien. Konstantin war jedenfalls daran interessiert, Jesus möglichst nahe an Gott heranzurücken, denn er selbst war ja bereits der Nächste, vor dem sich alle auf Erden beugen sollten. Zu viel Menschliches an Jesus hätte nur seine eigene Hochstellung vermindert.

Der Glaube hatte also nicht nur der Kirche, sondern auch der Reichsdisziplin zu dienen. So ließ Kaiser Justinian I. durch die Synode von Konstantinopel im Jahr 543 sein Dekret über die Ewigkeit der Hölle bestätigen und dehnte damit seine weltliche Macht gewissermaßen ins Jenseits aus, konnte er doch jetzt irdische Vergehen mit nie endenden Qualen bedrohen (wozu auch der Gedanke einer leiblichen Auferstehung gut ins Konzept passte, denn das Höllenfeuer sollten alle richtig zu spüren bekommen). Dass er damit einen Ort definierte, von dem er Gott auf ewige Zeiten ausschloss, störte ihn nicht. Auch die Kirche profitierte von der allgemeinen Höllenangst als Antrieb für Frömmigkeit und Gnadenhandel.

Jedoch war die Ostkirche nie so ausschließlich auf das Thema Schuld abonniert wie das Abendland mit seinem kausalen Denken und der lateinischen Sprache, die sich für Organisations- und Rechtsfragen mit Schuldsprüchen hervorragend eignete. Doch ein einziges »und« im Glaubensbekenntnis hinsichtlich des inneren Zusammenhalts der Trinität (filio*que* – *und* dem Sohn) reichte aus, um Ost- und Westkirche definitiv zu trennen (1054). Die Orthodoxie verstand sich fortan dem Namen nach als die (einzig) *richtige Lehre,* geriet aber durch die Nachbarschaft zum Islam politisch zunehmend unter Druck. Die lateinische Kirche hatte sich auch durch die Wiedererrichtung des Heiligen Römischen Reiches Deutscher Nation deutlich bessere Karten gesichert und war von der politischen Bedrohung Ostroms auch weiter entfernt. Sie versuchte, ihre geistliche Macht über die weltliche Herrschaft zu stellen und war bereits im 8. und 9. Jahrhundert zur größten Landbesitzerin Europas avanciert. Mit ihr konnten viele Fürsten und von Pfalz zu Pfalz ziehende Könige kaum noch mithalten.

Die Laienbewegungen des frühen Mittelalters und schließlich die Reformatoren kritisierten die damit eingetretenen Missstände (die geschaffenen Werte in Kultur, Kranken- und Armenpflege bzw. Wirtschaftsentwicklung seien nicht verschwiegen). Fragwürdig war ja vor allem die Geschäftsgrundlage in der kirchlichen Vermittlung göttlicher Vergebung. Doch das gegenreformatorische Konzil von Trient (1545–63) war sich unbeirrbar sicher, über die wirksamsten Gnadenmittel zu verfügen. Nur die Papstkirche war katholisch, allumfassend (*kat' hólon*), denn sie umspannte nicht nur das (westliche) Mittelmeer, sondern die (Neue) Welt, ja verwaltete als (fast) einzige effektiv den Himmel. Aber der Widerspruch war nicht aufzuheben: Entweder römisch oder katholisch! Denn konfessionelle Ab- und Ausgrenzungen sind von Jesus her nicht vorgesehen. Nicht nur die Kirchen des Ostens und Orients verdienen Respekt und Gemeinschaft allein schon wegen ihres (mit Rom) verwandten Priestertums, auch die Kirchen der Reformation gehören zur wahrhaft katholischen Kirche, die auch all jenen, die mit ihr nichts anfangen können, auszurichten hat, dass sie des Heiles deswegen nicht verlustig gehen.

Die eingangs zitierten Pastoralbriefe beginnen ihre Ratschläge damit, dass *vor allem Bitten, Gebete, Bittschriften und Danksagungen/Eucharistien für alle Menschen gemacht werden* ... (1 Tim 2,1), dass also für alle Menschen in vielfältigen Formen gebetet und Danksagung gefeiert werden soll. Doch gerade das Thema der Eucharistie spaltet nicht nur die Konfessionen wie kein anderes und führt zu paradoxen Ausschlüssen, die mehr der eigenen Wichtigkeit als der Glaubwürdigkeit der Botschaft dienen. Allerdings hat sich die Mehrheit der Noch-Gläubigen ohnehin bereits selbst ausgeschlossen, weil sie den traditionellen Gottesdiensten und den dargebotenen Heilsmitteln (Sakramenten) nichts mehr abgewinnen kann.

Erst wenn die christlichen Gottesdienste wieder ganzheitlicher, umfassender, offener werden, und das heißt alle Menschen im Geist Jesu einbeziehen, werden sie Gläubige und Ungläubige davon überzeugen können, dass das dahinter stehende Gottesbild vielleicht doch so viel mit Wahrheit und Wahrhaftigkeit zu tun hat, dass es ein sinnvolles, glückliches Leben unterstützt.

4

Zu Betlehem geboren

Die Evangelien nennen übereinstimmend *Nazaret* als Heimat Jesu (Mk 6,1; Joh 1,45f), und auch die offizielle Kreuzesinschrift bestätigt ihn als *Nazarener* (Joh 19,19), ebenso siebenmal die Apostelgeschichte (Apg 2,22). Doch die Kindheitsgeschichten bei Matthäus und Lukas haben mit *Betlehem* eine ganz andere Lesart. Das älteste Markusevangelium setzt ohne jede Kindheitsgeschichte gleich mit dem öffentlichen Wirken Jesu ein und zeigt an seiner Geburt und Kindheit kein Interesse. Johannes beginnt den Prolog wie das erste Buch der Bibel mit den Worten: *Im Anfang* ... (Gen 1,1) und bringt es so auf den Punkt: *Und der Logos/das Wort ist Fleisch geworden* (Joh 1,14). Ein Ort wird dabei nicht genannt, er wäre in diesem kosmischen Kontext auch nicht wirklich passend.

Matthäus beginnt feierlich mit: *Buch der Genesis Jesu Christi, des Davidsohnes, des Abrahamsohnes,* und führt den Stammbaum Jesu von Abraham über David herauf zu *Josef, dem Mann Marias, aus der Jesus geboren wurde*

(Mt 1,16). Mit seinen dreimal 14 Generationen weisen schon Numerologie und Textstruktur deutlich auf David hin, dessen Name im Hebräischen die Zahlensumme 14 ergibt. Auffallend im Männerstammbaum sind die vier Frauen: die Nichtisraelitinnen *Rahab* (Jos 2,1) und *Rut* (nach dem gleichnamigen biblischen Buch); aber auch die dunklen Flecken der Familiengeschichte werden nicht verschwiegen: *Tamar,* die als kinderlose Witwe ihr Recht auf Leviratsehe und Nachkommen durch List als vermeintliche Prostituierte durchsetzt (Gen 38), und bei *Salomo* wird nicht etwa Bátseba genannt, sondern an *Davids* Ehebruch mit Auftragsmord erinnert, dass er ihn *aus der* (Frau) *des Uria gezeugt hat* (Mt 1,6; vgl. 2 Sam 11).

Die davidische Abstammung Josefs ist für Matthäus wichtig, obwohl Josef gar nicht der Vater Jesu ist. Aus seiner Perspektive wird die Kindheitsgeschichte erzählt, beginnend mit dem Problem, dass seine *Verlobte aus heiligem Geist schwanger ist, bevor sie zusammenkamen.* Doch ein Engel hält Josef im Traum davon ab, *sie heimlich zu entlassen,* und gibt ihm den Auftrag, den von ihr geborenen Sohn *Jesus* zu nennen, dessen Name sein Programm umschreibt: *denn er wird sein Volk von seinen Sünden retten.* Womit das Zitat aus Jesaja 7,14 erfüllt ist: *Siehe die Jungfrau wird empfangen ... und sie werden seinen Namen Immanuel nennen ... den ›Gott mit uns‹* (s. 12). Matthäus reicht noch diskret die Auskunft nach, dass Josef mit Maria bis zur Geburt keinen Verkehr hatte und die Namensgebung ausführte (Mt 1,18–25). (Dabei ist der Name Jesus im Judentum nicht außergewöhnlich, etwa in der

Form *Jósua,* nach dem gleichnamigen biblischen Buch, und auch ein Sohn des Kajaphas hieß Jeshúa.)

Die Geburt selbst wird nur als Nebensatz erwähnt: *Als Jesus in Betlehem von Judäa in den Tagen des Königs Herodes geboren wurde* – woran sogleich die Geschichte mit den *Magiern aus dem Osten* anschließt, die wir seit dem Mittelalter als die heiligen Drei Könige verehren (Mt 2,1). Ihre Suche nach dem *geborenen König der Juden* in Jerusalem wird zum Anlass, eine biblische Zitatenkombination einzubringen. Demnach *wird* aus dem *kleinen Betlehem* im Stamm *Juda der Führer hervorgehen, der mein Volk Israel weiden wird* (2 Sam 5,2; Mi 5,1.3).

Die matthäische Kindheitsgeschichte schildert Jesus nicht nur als Davidsohn, sondern auch als den von *Bileam* prophezeiten *Stern, der aus Jakob aufgeht* (Num 24,17). Dazu braucht es keine besondere astronomische Konstellation, sondern das himmlische Licht der Erkenntnis. Die Magier antizipieren so bereits die Völkerwallfahrt nach Jerusalem zum wahren Gott Israels (vgl. Jes 60), werden aber noch ein kleines Stück weiter gewiesen. Aber auch dazu benötigen sie kein Himmelsgestirn als Geleit (wie sollte ein solches auch von Norden nach Süden, von Jerusalem nach Betlehem wandern?), sie wissen von Herodes ohnedies den Weg (Mt 2,9f), aber sie freuen sich überaus über das innere Licht, das sie jetzt endlich zum (im Haus) geborenen Jesus führt. Sie beten das Kind an, öffnen ihre Schätze und bringen Geschenke dar: *Gold, Weihrauch und Myrrhe,* woraus die Tradition ihre Dreizahl erschloss. Gold und Weihrauch spielen als edelstes Metall bzw. die Gottheiten besänftigender Rauch im Kult eine wichtige Rolle, die Myrrhe ist ein geschätztes Heilmittel gegen Entzündungen und vieles mehr.

Nach erfüllter Mission werden sie im Traum vor Herodes gewarnt und *kehren auf anderem Weg in ihr Land zurück.* Ein Engel motiviert auch Josef nächtens zur Flucht nach Ägypten, wo er bis zum Tod des Herodes bleibt und mit der Rückkehr das Prophetenwort eingelöst wird: *Aus Ägypten habe ich meinen Sohn berufen* (Hos 11,1). Es bezieht sich ursprünglich auf Israel als kollektiven Sohn Gottes und seinen Exodus aus dem Land der Knechtschaft, wird aber jetzt auf Jesus gedeutet, und der betlehemitische Kindermord mit der Bibelstelle unterlegt: *Rahel weint um ihre Kinder* (Jer 31,15). Ihr Grab wird bis heute in Betlehem verehrt (Gen 35,19).

Matthäus erzählt seine Kindheitsgeschichte entlang von Bibelversen, die Jesu Bedeutung belegen. Wenn Jesus der wahre Hirte Israels sein soll, dann muss er wie David mit Betlehem verbunden sein, muss auch er den Weg Israels nach Ägypten und den Auszug von dort nachgegangen sein. Denn die intensive Erinnerung der Heilsgeschichte ist im Judentum Teil des Glaubensbekenntnisses: »Mein Vater war ein heimatloser Aramäer …« (Dtn 26,5) und auch wesentliche Voraussetzung für die Feier des Passahfestes, bei dem sich alle Israeliten und Israelitinnen als solche verstehen sollen, die selbst schon mit bzw. in den Vorfahren mit dabei waren. (Das setzt freilich ein anderes Zeitempfinden als das unsrige voraus, ebenso ein stärkeres Bewusstsein um den leibhaften Zusammenhang über die Generationen hinweg als es uns zugänglich ist.)

Herodes hat Jesus zwar nicht direkt nachgestellt (das blieb erst seinem Sohn Antípas vorbehalten: Lk 13,31), aber er wütete in der eigenen Familie schrecklich genug: Mehrmals gab er heimlich den Auftrag, im Falle seines Todes seine schöne Frau Mariamne zu töten, und ließ sie schließlich auch hinrichten (was ihn danach bitterlich reute) wie auch drei seiner Söhne. Augustus soll über ihn das Bonmot kreiert haben, er sei lieber Schwein (*hys*) als Sohn (*hyiós*) des Herodes, denn der gebürtige Idumäer hielt sich wenigstens an die Speisegesetze, um sich dem Judentum gegenüber loyal zu zeigen (was er auch mit seinem Tempelbau bekundete). Doch um sicher zu gehen, dass bei seinem Tod auch wirklich Trauer im ganzen Land herrsche, ließ er die Aristokraten Judäas im Hippodrom von Jericho einsperren mit dem Befehl, sie bei seiner Todesnachricht zu töten, was aber glücklicherweise nicht ausgeführt wurde. Begraben wurde er mit größtem Pomp auf Heródion, einer Burg, die er in der Nähe Betlehems auf einem zum Teil künstlich aufgeschütteten Hügel hatte errichten lassen.

Auch wenn die Geschichte mit dem Kindermord sich nicht so zutrug, sie steht keineswegs umsonst in der Bibel, denn sie macht uns bewusst, in welch unruhige Zeiten und verworrene Herrschaftsverhältnisse Jesus hineingeboren wurde. Seine Familie war vor Flucht jedenfalls nicht gefeit. Denn in Galiläa brach nach dem Tod des Herodes offene Rebellion aus, wobei die unmittelbar bei Nazaret gelegene Hauptstadt Sépphoris vom damaligen syrischen Statthalter Quintilius Varus (dem späteren Verlierer vom Teutoburgerwald) zerstört und die Bewohner und Bewohnerinnen in die Sklaverei verkauft wurden. Das alles ging gewiss nicht spurlos an Jesus vorbei, doch schaffte der prachtvolle Wiederaufbau der Stadt seinem Vater und ihm später einschlägige Arbeit als Baumeister, die sie beide waren (Mt 13,55; Mk 6,3: üblicherweise wurde der Beruf des Vaters weiter vererbt).

Insgesamt zeigt gerade das judenchristliche Matthäusevangelium von Anfang an einen universalen Horizont, den auch der Auferstandene bestätigt: *Geht nun, macht zu Jüngern und Jüngerinnen alle Völker* (Mt 28,19f). Und so werden die Magier zu den Vorboten der heidenchristlichen und universalen Kirche.

Ganz anders Lukas: Er reicht den Stammbaum Jesu erst nach seiner Taufe zu Beginn des öffentlichen Wirkens mit etwa *dreißig Jahren* nach, wobei *Jesus für den Sohn Josefs gehalten wurde*. Auch ihm ist der Stammbaum Josefs wichtig, nicht der Marias, und er führt ihn über *David* und *Abraham* bis auf *Adam* und *Gott* zurück (Lk 3,23–38), denn die Bedeutung Jesu geht über die abrahamitischen Religionen weit hinaus. Die Zahl der Generationen ergibt (ungezählt) 77 (11 x 7) und symbolisiert übergroße Fülle.

Erzählt wird die Geschichte jetzt aus der Sicht Marias und der Frauen. Sie beginnt (wie die Apostelgeschichte) und endet im Tempel, wo ein Engel dem Priester *Zacha-*

rias beim Opfer die Geburt eines Sohnes namens *Johannes* durch seine Frau *Elisabet* ankündigt. Danach ergeht die Botschaft *Gabriels* an *Maria in Nazaret in Galiläa: Heiliger Geist wird auf dich kommen und Kraft des Höchsten dich überschatten* ... (Lk 1,35).

In der Begegnung der beiden schwangeren Verwandten höchst unterschiedlichen Alters treffen zum ersten Mal auch der Täufer und Jesus aufeinander, wobei die Bedeutung der großen Szenen mit Hymnen gewürdigt wird. Maria greift mit dem *Magnificat* (1,46–55) den Lobgesang von Samuels Mutter *Hanna* (1 Sam 2) auf. Auch das *Benedictus* (Lk 1,68–79) des seit der Engelserscheinung stummen Zacharias bewegt sich nach der Geburt des Sohnes ganz in biblischer Sprache, besonders jener der Psalmen. Beide Hymnen nehmen eine besondere Stellung in der kirchlichen Tagzeitenliturgie ein.

Die Geburt Jesu hat weltgeschichtliche Bedeutung. Lukas nimmt dafür einen ersten weltweiten Steuerzensus (*dógma*: 2,1) *des ›Kaisers‹ Augustus* (der seine Alleinherrschaft noch als *primus inter pares* tarnte) zum Anlass, damit Josef mit seiner hochschwangeren Frau Maria nach Betlehem gehen kann, um sich dort in die Steuerlisten eintragen zu lassen. Dieser Darstellung stehen jedoch einige Bedenken entgegen. Denn wenn Jesus zu Lebzeiten Herodes' des Großen geboren ist, dann muss dies noch vor dem Jahr 4 v. Chr. gewesen sein. Da hat sich Dionysios Exiguus mit seiner (wahrlich komplizierten, weil überall unterschiedlichen) Zeitrechnung im 6. Jahrhundert doch um einiges geirrt. Jedenfalls ist es nicht gut vorstellbar, dass Augustus im Herrschaftsgebiet eines Vasallenkönigs eine solche Volkszählung durchgeführt hätte. Auch war um diese Zeit Quirinius noch nicht Statthalter in Syrien wie Lukas behauptet, sondern Quintilius Varus, der auch den Aufstand in Galiläa niederschlug (s.o.).

Entweder hatte Lukas keine genaue Kunde oder er hat selbst einiges durcheinander gebracht. Denn nach dem Tod des Herodes regierte im Süden zunächst sein Sohn Archelaus, und nach dessen Verbannung wurde Judäa 6 n. Chr. römische Provinz, das restliche Herodeserbe blieb unangetastet. Erst um diese Zeit übernimmt Rom (genauer: der Kaiser) durch einen Prokurator die direkte Provinzverwaltung, wobei die Einkünfte in seine Privatschatulle flossen. (Er konnte sich dann leicht seiner großzügigen Geldgeschenke an die Soldaten und als Wohltäter des Volkes rühmen, denn zuerst wurde das Geld den Provinzen abgepresst.) Rom ließ sich die militärische Sicherheit (gegen die immer wieder andrängenden Parther war die starke Garnison in Syrien zuständig) und seine prachtvolle Selbstinszenierung teuer bezahlen. Die Steuererhebung wurde zudem privat verpachtet, was zusätzliche Kosten verursachte, weshalb die mit den Besatzern kollaborierenden Zöllner und Zöllnerinnen (auch Frauen) verhasst waren.

In diesem Kontext bekommt die Geburtsgeschichte Jesu bei Lukas eine stark politische Note, ja sie wird geradezu subversiv. Denn in der Nennung des Kaisers und seines syrischen Statthalters steckt eine Absage an die weltliche Macht und die *Pax Romana* durch konsequente Kriegsvorbereitung. Der Friede kommt auf ganz anderem Weg. Gottes Solidarität gilt den Armen und Außenseitern, nicht den Mächtigen und Reichen. Verachtete Hirten auf dem Feld sind die Ersten, die die Botschaft vom Krippenkind, für das in der Herberge kein Platz ist, erfahren: *Heute wurde euch der Retter geboren, welcher ist Christus der Herr, in der Stadt Davids* (2,11).

Die lukanische Kindheitsgeschichte schließt, wie sie begonnen hat, im Tempel. Hier wird Jesus beschnitten, und der greise *Simeon* feiert dies mit dem Lobgesang: *Nun entlässt du deinen Knecht, Herr* (in der Tagzeitenliturgie der Höhepunkt der Komplet, des kirchlichen Abendgebetes: 2,29–32). Simeon segnet den Vater und die Mutter Jesu und wendet sich an Letztere mit einer dunklen Prophezeiung. Auch die *84-jährige Prophetin Anna*, die andauernd im Tempel ist, erkennt Jesu Bedeutung und wird so zu seiner ersten Verkünderin (2,36ff). Danach kehrt die Heilige Familie (ganz ohne Flucht nach Ägypten) nach Galiläa zurück. Die nächste Begebenheit, von der Lukas berichtet: die Familie absolviert von dort mit dem 12-jährigen Jesus eine stressige Passahwallfahrt nach Jerusalem, die einzige Jugenderzählung Jesu im Neuen Testament, und resümiert: *Und Jesus schritt voran an Weisheit, Lebensalter (Körpergröße) und Gnade bei Gott und Menschen* (2,52).

Einige Details: Der Bibelübersetzer Hieronymus hat den Lobgesang der Engel zur Geburt Christi, der das Gloria der Messe einleitet, so gedeutet: Nach *Ehre sei Gott in der Höhe und Friede auf Erden den Menschen* ... hat er aus der *guten Meinung* (Gottes: *eudokía*) *in den Menschen* bzw. in *die* Menschen, Menschen »guten Willens« (*bónae voluntátis*) gemacht (2,14), wodurch nun der uneingeschränkt wohlwollende Gottesfrieden vom guten Willen der Menschen abhängt. Jedoch sind die meisten Menschen felsenfest davon überzeugt, dass sie guten, wenn nicht besten Willen haben, und wenn irgendetwas schief läuft, nur die bösen Anderen schuld sein können. Mit dieser Selbsttäuschung wird das göttliche Wohlwollen konsequent unterlaufen und außer Kraft gesetzt, was wohl mit ein Grund ist, weshalb der vielbeschworene Weihnachtsfriede oft ausbleibt oder nur von kurzer Dauer ist.

Unser Verständnis von Weihnachten wird auch durch den Umstand erschwert, dass die christliche Tradition die Gottheit Jesu lehrmäßig so abgesichert hat, dass wir kaum noch Ritzen finden, wo wir über etwas Nostalgie hinaus in das Mysterium seiner Geburt eintauchen könnten, geht es ja eigentlich um die Erkenntnis, dass *alle* Kinder etwas Himmlisches, Göttliches in sich tragen. Die Magier beten das »göttliche Kind« an, und das zu einer Zeit, wo der römische Paterfamilias noch über Leben oder Tod eines Neugeborenen entscheidet, so als ob es eine und seine Sache wäre, über die er frei verfügen könnte. Erst in der 2. Hälfte des 1. Jahrhunderts n. Chr. wird dieser blinde Fleck der römischen Weltsicht stärker hinterfragt. Doch wenn Weihnachten uns nicht unmittelbar zu den Kinderrechten und zur Anbetung jedes Kindes als »wunderbar himmlisches Gut« hinführt, hätten wir das Fest noch wenig verstanden.

Nochmals: Nazaret und/oder Betlehem? Es gibt zu allen offenen Fragen hinzu doch auch eine einigermaßen plausible Verbindungslinie zwischen beiden Orten, auch wenn der zeitliche Rahmen schwierig bleibt. Doch wurde die jüdische Bevölkerung zur Zeit der Makkabäer im 2. Jahrhundert v. Chr. aus dem *Galiläa der Heiden* (Mt 4,15) ausgesiedelt, weil der Druck auf sie zu groß geworden war. Erst im 1. Jahrhundert v. Chr. konnten sich Siedler aus Judäa wieder in den Norden vorwagen, wobei die Vorfahren Jesu unter ihnen gewesen sein könnten. Lukas hat zumindest von mehreren Steuererhebungen gewusst, wenn er jene zur Zeit Jesu Geburt ausdrücklich als die *erste* benennt (Lk 2,2). Doch Betlehem war ihm schon aus theologischen Überlegungen wichtig, dass er es auch historisch einzubinden suchte, was nicht so ganz gelingen konnte. (Aber er schrieb ja auch erst gut zwei Generationen nach den Ereignissen und war mehr an einer Sinndeutung als an den bloßen Fakten interessiert.)

Nazaret versus Betlehem? Nein. Denn es geht auch für uns gar nicht so sehr um den genauen Ort, sondern um die Bedeutung der Menschwerdung. Wir haben auch nicht nachzumessen, wie viel Gottheit oder göttliche Natur in Jesus wirklich zur Welt kam, sondern wir sollten im Rückblick auf sein Leben schon bei der Geburt den göttlichen Funken in ihm, in uns und in jedem Kind erkennen. Wie sagte der 1941 verstorbene bengalische Weise Rabindranath Tagore: »Jedes neugeborene Kind bringt die Botschaft, dass Gott sein Vertrauen in die Menschheit noch nicht verloren hat.« Oder der deutsche Arzt und Mystiker Angelus Silesius im 17. Jahrhundert: »Und wäre Christus tausendmal in Betlehem geboren, und nicht in dir: Du bliebest doch in alle Ewigkeit verloren.« Dem ist kaum etwas hinzuzufügen.

5

Taufe Jesu

Die Taufe Jesu ist ein sperriges Thema. Denn nach dem Verständnis des Täufers dient sie der Reinigung von den Sünden, während der Glaube Jesus von jeder Sünde frei wissen möchte: er ist *in allem geprüft gemäß* (unserer) *Ähnlichkeit, außer Sünde* (Hebr 4,15). Unter diesen Voraussetzungen hatte er eine Reinigungstaufe gewiss nicht nötig, und Matthäus ist dieses Dilemma auch durchaus bewusst: Der Täufer weigert sich zuerst, weil eigentlich *er* von Jesus getauft werden sollte. Doch Jesus überzeugt ihn, seine Taufe zuzulassen, weil es *uns so geziemend ist, die ganze Gerechtigkeit zu erfüllen* (Mt 3,14f), was immer das auch heißen mag. Es musste jedenfalls eine alte Tradition die Taufe Jesu bezeugen, denn sie wäre von der späteren Jesusverehrung kaum noch so erfunden worden. Doch Markus und Lukas haben keine Bedenken und erzählen die Taufe Jesu eher im Vorübergehen oder in der Warteschlange des Volkes. Denn das Wichtigere kommt erst danach (Mk 1,9ff; Lk 3,21f).

Die beiden Cousins treffen bei der Taufe nicht zum ersten Mal aufeinander, denn schon ihre schwangeren Mütter Elisabet und Maria begegneten einander (Lk 1,39–56; s. 4), was wohl nicht der einzige Verwandtenbesuch geblieben ist. Der Täufer und Jesus hatten von Kindesbeinen an Kontakt, und Jesus dürfte anfangs auch durch seine Schule gegangen sein. Auch Jesu Jünger scheinen mit der Täuferbewegung vertraut zu sein und selbst getauft zu haben (Joh 4,2), so dass durchaus so etwas wie Konkurrenz zwischen den beiden Leitfiguren entstehen konnte. Jedenfalls hat das Vaterunser bei Lukas seinen Rahmen darin, dass auch Johannes seine Jüngerschaft beten lehrte und die Jünger und Jüngerinnen jetzt dasselbe von Jesus erwarten (Lk 11,1).

Der etwas ältere Johannes war lange Zeit der bekanntere. Das hatte seinen Grund auch darin, dass der strenge Umkehrprediger sich mit Herodes Antipas, dem Vierfürsten von Galiläa, wegen dessen Ehe(bruch) mit der Schwägerin, der Frau seines Bruders Philippus, anlegte, und dafür der Rache der Heródias zum Opfer fiel, die den verführerischen Tanz ihrer Tochter mit seinem Kopf entlohnt sehen wollte. Antipas, der Johannes für einen Propheten hielt und schätzte, hatte genug schlechtes Gewissen, um in Jesus und seinen Wunderkräften den wiedererstandenen Täufer zu vermuten (Mt 14,2). Jedenfalls wirkte die Täuferbewegung lange nach. So trifft Paulus noch in den Fünfzigerjahren des 1. Jahrhunderts in Ephesus auf Johannesjünger (Apg 19,3), und auch das deutlich spätere Johannesevangelium versucht schon im

Prolog, den Täufer nur als Vorläufer darzustellen, was zeigt, dass er noch immer ein starker Konkurrent für die frühe Kirche war.

Johannes war eine äußerst eindrucksvolle Asketengestalt. *Er aß kein Brot, trank keinen Wein* (Lk 7,33), *war in Kamelhaar und Ledergürtel um seine Hüfte gekleidet, aß Heuschrecken und wilden Honig* (Mk 1,6), und *verkündigte eine Umkehrtaufe zur Sündenvergebung* (Mk 1,4). Dazwischen berichtet Markus, dass *das ganze Judäaland herausging zu ihm und alle Jerusalembewohner und -bewohnerinnen und von ihm im Jordanfluss getauft wurden,* weswegen die Taufstelle im Süden (in der Nähe von Qumran) verehrt wird. Anderseits heißt es wenig später auch, dass *Jesus von Nazaret in Galiläa kam und von Johannes in den Jordan getauft/getaucht wurde* (Mk 1,9), weswegen von den Pilgern und Pilgerinnen eine zweite Taufstelle am Ausfluss des Jordan aus dem See Gennesaret lokalisiert wird. Beide Orte sind aktuell stark frequentiert, denn eine Taufe im Jordan vermittelt eine besondere Jesusnähe, auch wird Jordanwasser als Taufwasser weltweit geschätzt. Doch ein markanter Unterschied gegenüber der Zeit Jesu dürfte schon allein darin liegen, dass der Jordan heute hauptsächlich durch die Wasserleitungen Israels fließt und im Flussbett nur wenig Wasser zu sehen ist, weshalb das Tote Meer zunehmend austrocknet, mit unwägbaren Folgen.

Doch nicht der genaue Ort des historischen Ereignisses ist das Entscheidende, sondern der Kontext der Verkündigung: Der Täufer bleibt seinem rigorosen Gottesbild verhaftet und spricht vom *kommenden Zorn* (Gottes) und der *Axt, die an die Wurzel der Bäume gelegt ist. Jeder Baum nun, der keine gute Frucht macht, wird ausgehauen und ins Feuer geworfen* (Mt 3,7–10). Diese Strenge verbindet ihn mit der Gemeinschaft von Qumran, die in der tiefsten Senke der Erde mit ihrer extremen Sommerhitze (die damals noch nicht so ausgeprägt war wie heute) eine ziemlich überhitzte Version von Religion lebte und in der Rebellion gegen Rom von der Besatzungsmacht zerrieben wurde.

Auch Jesus predigt die *Umkehr*, aber er spricht vertrauensvoll davon, dass *die Königsherrschaft der Himmel* (schon bleibend) *nahegekommen ist* (Mt 4,17). Das ergibt eine andere Sichtweise auch der Taufe. Sie dient nicht mehr der Sündenvergebung, sondern weist als Taufe *mit heiligem Geist und Feuer* schon auf den Pfingstgeist voraus (Lk 3,16; Apg 2,3). Das bedeutet: Der eigentliche Unterschied zwischen dem Täufer und Jesus liegt im jeweiligen Gottesbild, an ihm scheiden sich die Geister, trennen sich die Wege. Der Täufer setzt auf die Gerechtigkeit Gottes, Jesus auf seine Güte. So bekommt die Taufe eine neue Qualität. Sie wird zur Initiation in sein öffentliches Wirken. Sie feiert die Öffnung der Himmel, wodurch er den Gottesgeist bildhaft in Gestalt einer *Taube* auf sich herabkommen sieht und sich als *mein geliebter Sohn* erfährt (Mt 3,16f). Denn die Taube ist seit Noahs Tagen der Entlastungsbote Gottes (Gen 8) und ein stimmiges Bild für das freundliche Gottesbild Jesu, das an den *Vögeln des Himmels* und den *Lilien des Feldes* lernen durfte (Mt 6,26ff).

Dennoch hat die kirchliche Tradition an der Taufe zur Sündenvergebung festgehalten und bei der Kindertaufe – weil die Unmündigen nicht anders für schuldbehaftet erklärt werden konnten – mit der Notwendigkeit einer Reinigung von der »Erbsünde« argumentiert (und dabei sogar einen »Exorzismus« aufgeboten). Sie war so sehr überzeugt, dass außer ihr kein Heil sein könne, dass sie ihre Taufe als unbedingt notwendig erachtete. Das bedeutete, dass sie nötigenfalls (bei Lebensgefahr) auch von Nichtklerikern, Häretikern, Juden und Frauen gespendet werden durfte (erst das letzte Konzil hat auf Kirchenmitglieder eingegrenzt), damit den ungetauften Kindern nicht auf ewig der *Límbus puerórum,* die sogenannte »Vorhölle« drohte. Dort sollte zwar noch nicht das (physikalische) Höllenfeuer brennen, aber das war schon die einzige Straferleichterung in der auf ewig angedrohten Frustration. 2007 wurde diese alte Lehrformel offiziell entsorgt. Papst Benedikt XVI. stufte sie mit einer Theologenkommission als »nicht mehr sinnvoll« ein (war sie das jemals?). Das gibt zur Hoffnung Anlass, dass die Kirche auch sonst noch einiges aus ihrer Lehre hinter sich lassen kann (und muss), wenn sie sich nicht weiter dem allgemeinen Kopfschütteln aussetzen will.

Der moralische Druck zur (auch wegen der Kindersterblichkeit) möglichst frühen Taufe und gegebenenfalls Nottaufe ist dadurch hinfällig, doch sind damit noch nicht alle Fragen rund um die Taufe bereinigt. So spricht das Neue Testament von der Taufe ganzer Häuser (Apg 16,15.33f), was Kinder, Sklavinnen und Sklaven mit einschloss (obwohl ihnen die freie Religionsausübung noch am ehesten zugestanden wurde). Doch immer wieder wird auch die Forderung laut, dass die Kinder selbst wählen und erst später entscheiden sollten, ob und welcher Religionsgemeinschaft sie angehören wollen. Doch scheint dieses Problem ziemlich konstruiert. Denn die Kinder werden auch nicht gefragt, von welchen Eltern, in welcher Sprache oder sozialen Umständen sie geboren werden möchten, und sie übernehmen vieles, wenn nicht das meiste, völlig unbewusst von den Eltern, auch die spirituelle Dimension des Daseins bzw. ihren Mangel. Umso wichtiger ist es, dass den Kleinen, die Jesus besonders am Herzen liegen, sein liebevoller Gott auch von der Kirche früh genug vermittelt wird (was leider nicht überall auch wirklich der Fall ist).

Die Taufe gibt der Geburt eines Kindes, das ja auch die Liebesbeziehung, der es hoffentlich entstammt, tiefgreifend verändert, eine höhere Dimension. Sie motiviert die Eltern, seinen unschätzbaren Wert zu feiern und jenen Namen zu finden, der seiner Persönlichkeit am besten entspricht. Sie öffnet den kleinen Rahmen der Stammfamilie hin zu einer größeren Gemeinschaft solidarischer Mitmenschen und ehrt Gott als den eigentlichen Schöpfer des Lebens. Das bedeutete in Zeiten noch ohne Sozialversicherung auch die Zusage der vollen Subsidiarität durch den oder die Paten, falls den Eltern etwas zustößt.

Die Taufe ist auch heute noch ein Zeichen christlicher Solidarität, die die jungen Eltern in dieser schwierigen Lebensphase nicht allein lassen möchte, sondern konkrete

Hilfe und Entlastung im Alltag anbietet. Nach einem afrikanischen Sprichwort braucht es ja ein ganzes Dorf, um ein Kind großzuziehen, womit eine moderne Kleinfamilie und besonders Alleinerziehende überfordert sind. Auch beginnt die Spiritualität der Kinder nicht erst in der Pubertät, sondern schon früh, und sollte eingeübt und gelebt werden, ohne dass das Gebet zu einer rigiden Pflichtübung wird. Nicht verdrängt werden sollte auch, dass bereits die Geburt ein Schritt auf den Tod zu ist, weswegen die Vergänglichkeit des Lebens von Anfang an in die Geborgenheit einer es mittragenden Glaubensgemeinschaft eingebettet werden sollte.

Das alles spricht nach wie vor dafür, Kindern die Taufe nicht vorzuenthalten. Denn bekanntlich sind noch alle Versuche herauszufinden, welche Sprache sie entwickeln, wenn niemand mit ihnen spricht, gescheitert, weil kein Kind das überleben könnte/kann. Kinder sind ja auch durch ihre Muttersprache noch nicht dazu prädestiniert, sie ein ganzes Leben lang beizubehalten, sondern können ihre Partnerschaften und Sprachen selbst wählen und gegebenenfalls auch ihren Namen ändern. Doch mit Sicherheit werden ihnen im Leben noch genügend Situationen begegnen, die sie nur mit »Glauben und Gottvertrauen« bestehen können. Verlässliche geistliche Verwandtschaften, wie man früher das Patenamt einschätzte, können jedenfalls auch heute die Entwicklung von Kindern sehr liebevoll begleiten.

6

Seligpreisungen

Die Bergpredigt (Mt 5–7) gilt als *Magna Charta* des Christentums, als *Evangelium im Evangelium,* mit dem Vaterunser als seiner innersten Mitte. Wollte man Jesus auf ein einziges Wort reduzieren, es wäre gewiss die vertraute aramäische Vateranrede *ábba,* die er nicht erst zu erfinden brauchte, aber mit seiner Gotteserfahrung unverwechselbar auffüllte. Das ist auch für uns entscheidend: Es ist das jeweilige Gottesbild, das eine Beziehung möglich macht oder verunmöglicht und entscheidet, ob wir das Leben trotz aller Schwierigkeiten und Vergänglichkeit dennoch voll Vertrauen und Hingabe leben können.

Doch sosehr die Bergpredigt auch geschätzt wird, weder ist ihre Übersetzung leicht noch ist es ihre Auslegung. Das beginnt bereits bei den einleitenden Seligpreisungen, denn die erste richtet sich (wie der Vergleich von Mt 5,3 mit Lk 6,20 zeigt) an die *Armen,* was viele Menschen verunsichert. Doch führt kein Weg daran vorbei, dass Reichtum für Jesus kontraproduktiv ist, weil er rasch in Abhängigkeiten führt. Seine besondere Solidarität gilt den Armen, obwohl er auch die Gastfreundschaft potenter Gastgeberinnen (Lk 10,38–42) und Gastgeber zu schätzen weiß, und das frühe Christentum ausschließlich von der Großzügigkeit einer Gesellschaftsschicht lebte, die ihre Häuser dem Gemeindeleben öffnen konnte.

Wenn noch Zweifel verbleiben sollten: Auch die zweite Seligpreisung gilt (euch) den *jetzt Hungernden, denn ihr werdet gesättigt werden* (Lk 6,21), was wieder auf den sozialwirtschaftlich angespannten Bereich der Adressatinnen und Adressaten hinweist. Und noch etwas wird im Vergleich mit Lukas von Anfang an klar: Jesus hat die Menschen direkt mit *ihr* und *euch* angesprochen, und erst Matthäus hat das in allgemeine Aussagen umgegossen: *Selig die Armen ... denn ihrer ist ...* usw. Er hat auch das soziale Programm Jesu stärker von einer geistig-geistlichen Seite her gedeutet und spricht ausdrücklich von den *Armen »im Geist«*. Arm-Sein allein genügt seiner Meinung nach nicht, es muss noch eine besondere spirituelle Dimension dazukommen. Auch die zweite jesuanische Seligpreisung, die Matthäus an vierter Stelle zitiert, gilt den *»nach Gerechtigkeit« Hungernden und Dürstenden, die gesättigt werden.* Die in der Logienquelle Q vorliegende dritte Seligpreisung für (euch) *die jetzt Weinenden, denn ihr werdet lachen* (Lk 6,21), deutet Matthäus bereits als seine zweite um: *Selig die Trauernden, denn sie selbst werden Zuspruch erfahren/getröstet werden* (Mt 5,4).

Die vierte und letzte Seligpreisung in Q (und mehr kennt diese Quelle nicht) gilt den *meinetwegen* (Mt) bzw.

um des *Menschensohnes willen* (Lk) Verhassten und Verfolgten, die *jubeln* (Mt) bzw. *vor Freude springen werden* (Lk). Doch allein schon die Formulierung weist deutlich in eine spätere Zeit mit schweren innerjüdischen Auseinandersetzungen und Anfeindungen und ist im Mund des historischen Jesus so noch nicht wirklich denkbar. Bei Matthäus steht sie infolge seiner vielen Einschübe jetzt als Nummer neun.

Er hat überhaupt keine Bedenken, die ihm schriftlich vorliegenden jesuanischen Seligpreisungen um eigene Kommentare zu erweitern. So zitiert er in seiner dritten Seligpreisung Psalm 37,11. Der Vers lautet in der hebräischen Bibel: *Doch die Armen ('anawím) werden das Land erben.* Womit er direkt an die Armen aus der ersten Seligpreisung anknüpft. Doch die griechische Bibel, die er zitiert, deutet die Armen als die *Milden/Sanftmütigen/Freundlichen (praeís)*. Auch das ist sinnvoll, weil wirtschaftliche Armut eine ganz andere Konfliktkultur erfordert als Reichtum, der eher auf strukturelle und brachiale Gewalt setzen möchte. Arme jedenfalls können sich keine teuren Waffen leisten, sie müssen aber auch nicht ihren (vielleicht gar nicht nur redlich erworbenen) Besitz verteidigen.

Die erste EÜ 1980 sprach daher (im Kalten Krieg) sehr konsequent von denen, »die keine Gewalt anwenden«. Das war in der Tat revolutionär, auch gegenüber dem Vaticanum II, das sich noch zu keiner Ächtung der Atomwaffen bekennen konnte. Erst ein Jahrzehnt danach wurde die Gewaltlosigkeit in einem kirchlichen Dokument erstmals zur Kenntnis genommen, während vorher die Lehre vom gerechten Krieg so sehr dominierte, dass sie auch vor dem Einsatz von Atomwaffen nicht zurückschreckte. Die EÜ votierte entschieden für die bisher vernachlässigte Grundidee Jesu, dessen jüdisches Umfeld nichts dringender wollte, als gegen das allmächtige Rom mobil zu machen. Doch Jesus und auch das Judenchristentum verweigerten den Aufständischen die Gefolgschaft (Mk 13,14), was mit ein Grund war, dass die Kluft zum Judentum immer größer wurde.

Die Revision der EÜ (2016) kehrt zu den »Sanftmütigen« zurück. Das ist zwar sprachlich korrekt, verliert aber den ursprünglichen »Sitz im Leben« wieder aus den Augen. Denn Matthäus wollte gerade mit diesem Zitat seine im jüdischen Krieg heimatlos gewordene Kirche trösten: Sie hat durch ihre jesuanische Gewaltlosigkeit zwar das ›Land‹ verloren (und die Aufständischen erst recht), aber doch in einem höheren Sinn die ›Erde‹ geerbt (beides heißt im Griechischen *gế*).

Was Matthäus mit dem Begriff »sanftmütig« eigentlich meint, kommentiert er später durch das Jesuswort: … *Lernt von mir, denn ich bin sanftmütig und niedrig/demütig im Herzen* (11,29), und beim Einzug in Jerusalem signalisiert *der auf den Esel aufgestiegene* Jesus auch körpersprachlich einen *friedfertigen König* für die *Tochter Zion* (21,5). Sie hätte gut daran getan, sich diesem König mehr anzuvertrauen, denn seine Sanftmut ist nicht nur eine stille Herzenstugend, sondern zielstrebig, sie setzt auch öffentliche Zeichen (wie im Tempel) und ist entsprechend wirksam. Das bedeutet: Die gesamte Bergpredigt hat eine deutlich politische Dimension.

Die dafür notwendigen Qualitäten werden von Matthäus mit vier weiteren Seligpreisungen umschrieben: Dabei werden zuerst *die sich Erbarmenden,* dann *die im Herzen Reinen* und an dritter Stelle die *Friedenmacher und -macherinnen* beglückwünscht, und auch die zugesagten Verheißungen steigern sich von: *sie selbst werden Erbarmen finden* über: *sie werden Gott schauen* bis hin zu: *sie selbst werden Söhne/Töchter Gottes genannt werden.* Leider hat die EÜ 2016 an der zuletzt genannten Stelle die »Söhne Gottes« aus der EÜ 1980 geschlechtsneutral in »Kinder Gottes« umgewandelt (ebenso in 5,45) und so in ihrer Bedeutung sehr verniedlicht (s. 27).

Der letzte matthäische Zusatz klingt an seine vierte Seligpreisung an und gilt den *»wegen Gerechtigkeit« Verfolgten* und nimmt auch die in der ersten Seligpreisung zugesagte *Gottesherrschaft* wieder auf (solche Wiederholungen bzw. Klammern machen zusammengehörige Textabschnitte hörbar). Obwohl diese letzte Seligpreisung an die vorletzte anklingt, wechseln jetzt doch die Adressaten und Adressatinnen, zeigt sich eine veränderte Situation: *Selig seid ihr, wenn sie euch schmähen und verfolgen …* (5,11), womit ein großer Leidensdruck sichtbar wird, den die judenchristliche Kirche bereits erfahren hat.

Die Seligpreisungen vertrösten nicht (nur) aufs Jenseits (wozu leider auch der zu Allerheiligen gelesene Evangelientext animiert). Denn weder die verheißene Gottesherrschaft noch die Gottesschau können bis zum Himmel warten, sondern es ist sehr wohl möglich, sinnvoll und auch höchst notwendig, den Geist und die Wahrnehmung immer wieder so zu reinigen, dass neue Sichtweisen entstehen können, dass wir Gott bereits jetzt auch in den Mitmenschen wirklich erkennen lernen. Denn nur entsprechende Herzensqualitäten können die Welt noch verändern.

Allerdings ist das nur der erste Teil der jesuanischen Botschaft. Denn von der orientalischen Rhetorik her ist es nicht gut vorstellbar, dass er nicht auch die andere Seite angesprochen hätte. Wie der Vergleich mit Lukas zeigt, hat Jesus parallel zu seinen Seligpreisungen (für die Armen, Hungernden und Weinenden) die schon ›belohnten‹ *Reichen, jetzt Gesättigten und jetzt Lachenden* mit seinem ausdrücklichen *Wehe* nicht geschont (Lk 6,24f). Das war er bei aller Sanftmut seiner prophetischen Ehrlichkeit schuldig. Diesen Teil allerdings hat Matthäus in der Bergpredigt verschwiegen. Er hatte für die Weherufe eine eigene Rede vorgesehen, doch passte diese handfeste Kritik Jesu nicht mehr so gut zu seiner spirituellen Deutung der Seligpreisungen. Also grenzt er das jesuanische Wehe später ganz auf die Pharisäer und Schriftgelehrten ein (Mt 23 par Lk 11). Sie haben als einzige jüdische Gruppierung den Krieg überlebt, während die Sadduzäer, Zeloten und Essener von der Bildfläche verschwunden waren. Und so werden gerade die Pharisäer jetzt zum Ziel seiner Kritik, was über die ursprünglichen Kontroversen Jesu mit ihnen weit hinausgeht.

Dass Matthäus jedoch die Seligpreisungen sehr konkret als Lebensprogramm und Handlungsanleitung versteht, zeigt das anschließende Doppelbildwort vom *Salz* und *Licht der Welt*. Es spricht eine aufrüttelnde, »gesalzene« Sprache: *Ihr seid das Salz der Erde. Wenn aber das Salz ›verblödet‹, womit wird gesalzen werden?* (Mt 5,13). Die EÜ (1980/2016) liest: »Wenn das Salz seinen Geschmack verliert«, Luther: »Wenn nun das Salz nicht mehr salzt«. Aber es geht gar nicht um das Salz an sich, sondern um den Bildvergleich mit der Funktion der Christinnen und Christen für die Welt. Dieses (metaphorische) Salz kann tatsächlich *›verdummen‹* und taugt dann nur mehr dazu, *hinausgeworfen und von den Menschen niedergetreten zu werden*. Ein ziemlich provokantes Bild: Entweder wir leisten unseren Beitrag für die Erhaltung und den Geschmack der Welt oder wir sind zu vergessen und tragen in beiden Fällen die Konsequenzen.

7

Vater unser

Obwohl so bekannt und oft gebetet erscheint es immer wieder neu, wenn wir darüber nachzudenken beginnen. Es steht zweimal im Neuen Testament (Mt 6,9–13; Lk 11,2–4), doch ebenso verwunderlich ist es, dass zwei Evangelien auch ohne es auszukommen scheinen. Ob es bereits Paulus bekannt ist, lässt sich nicht ausmachen. Doch auch die beiden unterschiedlichen Fassungen beim ersten und dritten Evangelisten geben Rätsel auf: Bei wem hört man den originalen Wortlaut Jesu noch einigermaßen durch? Und wo hat er es gesprochen: *am Berg* wie bei Matthäus oder *an irgendeinem Ort* wie bei Lukas? Matthäus hat ihm einen besonderen Platz zugedacht. Er stellt es in die Mitte seiner Bergpredigt, mit der er die Jesusbotschaft in einer ersten großen Redekomposition von insgesamt fünf darlegt und dabei die göttliche Weisung vom Sinai entfaltet.

Mit dem Vaterunser hat Matthäus die Herzmitte des Evangeliums markiert. Dabei hört man öfters im Griechischen noch aramäische Anspielungen und Lehnwörter durch, wie etwa in der Einleitung beim leeren Reden (Mt 6,7), das vermieden werden soll oder bei der Vorratskammer als passendem Gebetsort (6,6), und wohl am deutlichsten bei der Vateranrede, aber auch bei den Geldschulden.

Nach Matthäus, dessen Fassung ausschließlich im Gebet verwendet wird, scheint es nicht für die Öffentlichkeit bestimmt, denn es sollen dabei *Synagogen* und *Straßenecken* (6,5) gemieden werden, was auf heute umgelegt wohl Kirchen und Versammlungen heißen würde oder auch Prozessionen. Aber die jesuanische Sprache ist, wie im Orient üblich, bisweilen sehr provozierend und darf dann keinesfalls wörtlich genommen werden. Dass aber das Gebet vor allem den Rückzug in die Verborgenheit braucht, steht außer Frage. Im Haus ist das am ehesten die Vorratskammer, denn die kann man abschließen, was bei der Haustüre oft gar nicht der Fall ist. Auch von Jesus wird berichtet, dass er sich *für sich* und *in der Nacht allein* auf den Berg zum Gebet zurückzieht (Mt 14,23).

Doch diese Art des Betens versteht sich nicht so sehr oder gar ausschließlich als Bittgebet, denn bereits die Einleitung konterkariert ein solches mit der Erklärung: *Euer Vater nämlich weiß, wessen ihr Bedarf habt, bevor ihr ihn bittet* (Mt 6,7). Es ist also gar nicht nötig, dass wir Gott im Detail all unsere Wünsche vorbringen, sondern wir müssen nach einem vom Evangelisten erst später nachgereichten Kommentar nur darüber *übereinstimmen, bezüglich jeden Tuns,* um was wir bitten wollen (Mt 18,19; s. 24), und uns immer wieder vor Augen halten, dass wir

Gott zum Vater haben, sprich: in Gott so etwas wie liebevolle Eltern erkennen können. Bei Lukas äußern die Jüngerinnen und Jünger den Wunsch, von Jesus beten zu lernen, und am Ende steht dann die Gewissheit, dass die Bitten auch erhört werden, zumindest wegen ihrer *Unverschämtheit/Zudringlichkeit* (Lk 11,1.5–13).

Die schlichte Gottesanrede mit Vater überrascht. Dass sie ursprünglich ist, ergibt sich aus dem Vergleich mit Lukas. Denn dieser hätte beim Gebet Jesu kaum etwas weggelassen, dazu war ihm die Tradition zu heilig. Also hat Matthäus die Anrede etwas feierlicher ausgestaltet und dabei vom himmlischen Vater gesprochen. Das ist eine typische Erweiterung des ersten Evangelisten, ein Kommentar, und dennoch ein echter Schock. Denn Jesus hatte dem Gebet das familiäre *ábba* zugrunde gelegt (Mk 14,36), und Matthäus wollte uns dies auch vom himmlischen Vater ausdrücklich bewusst machen. Mehr Spannung zwischen körperlicher Nähe und absoluter Transzendenz ist gar nicht mehr denkbar.

Die zwei ersten Bitten stimmen in beiden Fassungen überein, was nur noch zu Beginn der letzten Bitte der Fall ist. Sonst herrschen Unterschiede vor. Doch die erste heißt unisono: *Geheiligt werde dein Name*. Man könnte da vielleicht herauslesen, dass nur ein ganz bestimmter Name in einer bestimmten Sprache gemeint sei, dass man von Gott nur mit den Namen Jhwh, Jehova oder Allah reden dürfe; doch der ›Name‹ soll nach jüdischer Sitte nur eine direkte Nennung Gottes vermeiden. Auch

Passivformen wie *geheiligt werde* … haben eine ähnliche Funktion. Es kann aber keine Frage sein, dass jede der geschätzten mehr als 7.000 Sprachen auf der Welt (ohne Dialekte gerechnet) über den Höchsten oder das Höchste andere Worte findet und jedes davon richtig ist, wenn es Vertrauen ins Leben ermöglicht.

Wenn wir die Bitte um die Heiligung seines Namens an Gott richten, wissen wir auch, dass wir selbst bei größten Anstrengungen diese Aufgabe nie allein schaffen würden, sondern sie vertrauensvoll »in seine Hände« zurücklegen dürfen. Im Griechischen wird er manchmal auch der *poiē-tḗs* genannt, der Macher, Poet und Komponist des Alls. Wir können über seine Werke nur staunen, seine Genialität werden wir nie wirklich begreifen. Doch wenn wir uns dies eingestehen, erweisen wir ihm Respekt. Das tut uns gut, entlastet uns und ist jedenfalls sinnvoller, als wenn wir die Welt und die Geschichte immer bis ins Letzte erklären bzw. alles selbst machen wollten.

Die zweite, wieder zwischen Matthäus und Lukas wortgleiche Bitte erklärt die erste: *Es komme deine Königsherrschaft,* was im Mund Jesu eigentlich verwunderlich ist. Denn seine Verkündigung beginnt ausdrücklich damit: *Denkt um, denn die Königsherrschaft der Himmel* (wieder eine Vermeidung des Gottesnamens) *ist* (bleibend) *nahegekommen* (Mt 4,17). Wir sprechen bei der Königsherrschaft vom ›Reich‹, doch geht es dabei nicht um ein räumliches Hoheitsgebiet, sondern um das Wirken Gottes als solches. Es ist uns in Jesu Leben und Wirken zum Greifen nahegekommen, aber wir begreifen es offensichtlich gerade deswegen oft so wenig und sollen uns im Gebet bewusst machen, dass genau jetzt die Zeit dafür ist, unser Leben im Sinn des Schöpfers zu leben. Phantasien darüber, dass Gott all seinen (eigentlich unseren) Feinden endlich in die Parade fahren müsste, sind das absolute Gegenteil jeder Religion.

Nach dem Gleichklang der beiden ersten Bitten ist die folgende Differenz umso auffälliger. Die dritte Bitte: *dein Wille geschehe* findet sich nur bei Matthäus, Lukas hat sie nicht. Also hat Jesus sie ursprünglich wohl auch nicht so gesprochen. Sie erweist sich vielmehr als Zusatz des ersten Evangelisten, der Jesu Gebet *in Getsemani* (Mt 26,39–44) als erweiternden Kommentar ins Vaterunser einbringt und so in Erinnerung ruft, dass im Gebet immer auch der Ernstfall verhandelt wird: Mein oder dein Wille? – womit Matthäus den inneren Kampf Jesu angesichts seines bevorstehenden Todes anspricht, den Lukas sogar als unser sprichwörtliches Blutschwitzen ausmalt (Lk 22,44). Aber worum geht es?

Jesus ist nicht satt und lebensmüde, er will leben, überleben. Gegen die unausweichlich scheinende, höchst entehrende Hinrichtung am Kreuz kann sich sein ganzer Lebenswille nur entschieden aufbäumen. Aber er weiß auch, dass er sich diese bittere *Prüfung* (nicht: »Versuchung«) nicht ersparen kann, um seinen Glauben an einen auch ohne Opfer gütigen Gott öffentlich – und damit auch für uns glaubwürdig – unter härtesten Bedingungen zu bezeugen (s. 19). Also betet er nach der Darstellung des Matthäus in Getsemani dreimal, und ebenso sollen auch wir im Vaterunser zweimal drei (bzw. mit dem erweiterten Abschluss insgesamt sieben) Bitten an Gott richten und dabei ernsthaft nach seinem Willen fragen: Wofür leben wir, welcher Glaube trägt uns, ist das Gewissen wirklich die letzte Instanz, auch wenn es uns in Situationen äußerster Bedrängnis bringt, sogar das Leben kosten kann?

Nicht nur Jesus stand vor diesem Dilemma, auch alle, die Befehle verweigern, Märtyrerinnen und Märtyrer und Nonkonformisten jeder Art durchlebten es. Auch wir stehen immer wieder davor, wenn es um die Wahrheit unseres Lebens geht und wir im Grunde genau wissen, was zu tun ist, aber immer wieder Ausreden finden, wieso wir es gerade jetzt nicht können. Doch als Opferlamm, das sich dem Vater gehorsam zur Sühne darbietet, hat Jesus sich gewiss nicht verstanden. Er ist auch auf keinen »Verräter« hereingefallen, sondern war selbst höchst souverän in der Gestaltung des Unvermeidlichen (s. 18 und 19).

Die passive Ausdrucksweise dieser Bitte überrascht, denn eigentlich meint sie wörtlich in etwa: *Dein Wille werde* (von dir) *gemacht* (*genēthḗthō*). Auch spricht der Kontext davon, dass der Wille Gottes *wie im Himmel auch auf Erden* gemacht werde, geschehen möge, was weit über unseren Aktionsradius und unsere Möglichkeiten hinausgeht. Doch es ist und bleibt ein Imperativ, den wir dabei an Gott adressieren. Aber wir müssen dem Geistwesen Gott schon auch unsere Herzen und Hände leihen, damit sich hier etwas mehr in seinen Sinn bewegen darf.

Wir halten inne: Das jesuanische Gebet ist keine Einbahnstraße. Es ist ein Zwiegespräch. Wenn wir leise genug sind, kommt bestimmt etwas zurück, wird einiges besser verständlich, mutiger machbar, wachsen wir über uns hinaus.

8

Unser tägliches Brot

Der zweite Teil des Vaterunsers wechselt in eine andere Tonart, verändert den Stil und beginnt mit dem Aufschrei: *Brot, unseres, das tägliche, gib uns, heute!* (Mt 6,11) Es ist dringend für unser Leben, im Orient noch mehr als bei uns. Dort lebte man bis ins 20. Jahrhundert hinein hauptsächlich von Brot und alles andere war nur Zukost (*opsárion*: gekochtes Gemüse oder am See Gennesaret vorwiegend Fisch, als welcher er bis heute auf griechischen Speisekarten aufscheint: *psári*). Man tunkte sie mit einem Stück Brot aus der gemeinsamen Schüssel (bei Tisch liegend). Doch wie dringend im Vaterunser gerade diese Bitte ist, zeigt sich daran, dass keine Höflichkeitsformen (oder Imperative in der 3. Person) verwendet werden, obwohl Konjunktive (oder noch besser Optative, Wunschformen) dafür zur Verfügung stünden. Nein, die intensivste Befehlsform muss her, noch dazu eine, die sich schon ob ihrer sprachlichen Kürze (*dos*) deutlich als solche ausweist. Aber, und auch das zeichnet diesen Gebetsteil aus: es ist *unser* (aller) *Brot*, das wir vom Vater aller Wesen erbitten, es kann nicht nur meines oder unseres allein sein.

Das heißt: Wir beten immer um das Brot für die Menschheit und nehmen uns dabei auch selbst in Pflicht, weil wir wissen, dass der Hunger in der Welt ein von Menschen gemachtes Unrecht ist und nicht ein Versäumnis des Schöpfers. Das Brot wird darüber hinaus mit einer Beifügung präzisiert, die wir als unser *tägliches* deuten. Die Textüberlieferung ist an dieser Stelle höchst unterschiedlich und liest: das *notwendige* Brot, das Brot *für morgen*, das *übernatürliche* usw. Das dahinterstehende griechische Wort *epioúsios* ist so selten, dass es eigentlich nur vom Vaterunser her mit Sinn aufzufüllen ist, doch seine Philologie ist auch nicht ganz eindeutig, dürfte aber am ehesten *das zum Sein Notwendige* meinen. Aber auch danach bleibt offen, was wirklich gemeint ist. Denn vom Brot allein könnten wir ja auch nicht gut leben, obwohl erst der Getreideanbau die Ernährung einer stark wachsenden Weltbevölkerung sicherstellen konnte.

Lukas hat die Brotbitte gegenüber Matthäus deutlich ausgeweitet: *Das Brot, unseres, das tägliche, gib uns* (weiterhin), *das dem Tag entsprechende/Tag für Tag* (Lk 11,3). Offensichtlich hat er für seine griechisch-römischen Adressaten und Adressatinnen andere Lebensbedingungen vor Augen als die viel gerühmte Fruchtbarkeit Galiläas, die deutlich weniger Vorausschau und Bevorratung brauchte. Jedenfalls ist deutlich zu merken, dass es nicht bloß um heute gehen kann, weswegen der Imperativ des Präsens (*dídou*) verwendet wird, der zur Fortsetzung einer Handlung auffordert.

Dann die Bitte um die Vergebung der *Schulden*: Sie wird wieder drängend mit der kürzest möglichen Form (*áphes*) ausgesprochen und bittet eigentlich um den Erlass finanzieller Schulden, wie dem zugrunde liegenden aramäischen Wort (*chobá*) zu entnehmen ist. Ihr Gewicht wird aus der Zeit heraus erklärlich. Denn Schulden sind bereits damals ein gewaltiges Problem. Sie bedrohen nicht nur den Besitz, sondern auch die Freiheit, nicht nur die eigene, sondern die der ganzen Familie. So wird auch verständlich, wieso der jüdische Aufstand gegen Rom im Jahr 66 n. Chr. gerade mit der Verbrennung des Schuldarchivs beginnt, denn die Hypotheken und Zinsen waren zu einer untragbaren Last geworden. Lukas hingegen deutet die Geldschulden als *Sünden*, verlässt aber damit die originale parallele Formulierung von *Schulden* und *Schuldnern* und *Schuldnerinnen*, ist also mit seiner Version hier wieder eindeutig sekundär (wie schon bei der Brotbitte).

Die Bitte verwundert, gerade in der von Lukas zugespitzten Formulierung. Denn Jesus glaubt an einen gütigen Gott, und wir müssen uns an ihn nicht mit einer Vergebungsbitte wenden. Außerdem glauben wir an einen sündenlosen Jesus (Hebr 4,15), womit auch fraglich wird, ob er diese Bitte überhaupt für sich selbst sprechen konnte, oder nur uns so zu beten gelehrt hat.

Doch ist der erste Teil der Bitte eigentlich nur so etwas wie der Auftakt zum Nachsatz, der eigentlich unsere Vergebung »ins Gebet nimmt«. Denn das ist der einzige Punkt, der uns selbst voll trifft und betrifft, wobei Matthäus keine Ausflüchte oder Halbherzigkeiten zulässt, wenn er formuliert: *Und erlass uns unsere Schulden, wie auch wir erlassen haben unseren Schuldnern und Schuldnerinnen.* Er hält unsere schon *erfolgte* Vergebung für die unabdingbare Voraussetzung dafür, dass wir diese Bitte überhaupt vor Gott bringen dürfen oder vielleicht besser: Unsere Vergebung hat Maß zu nehmen an der Güte Gottes (s. 11).

Lukas spricht nach der Bitte um Erlass der Sünden von unserer andauernden Vergebungsbereitschaft gegenüber *jedem uns Schuldenden.* Matthäus verdeutlicht nach dem Vaterunser, dass wir von Gott keine Vergebung erwarten dürfen, wenn wir den Mitmenschen nicht ihre »Verfehlungen« erlassen. Dabei geht es nicht mehr um die ökonomische oder moralische Bedeutung von Schulden (oder Sünden wie bei Lukas), sondern vielmehr um das, was *daneben fällt* (*paraptṓmata*). Hinter dem Ausdruck steckt große Weisheit und Güte: Denn es fällt immer etwas daneben, selbst bei bestem Willen. Diese Einsicht hilft uns, dass wir bei Kränkungen nicht mehr nur mit narzisstischem Ärger reagieren müssen, sondern gelassener mit dem umgehen können, was wir von den »Abfällen« anderer mitbekommen. Das wird uns bestimmt realistischer und milder stimmen, wenn andere, aus welchen Gründen immer, sich uns gegenüber daneben benehmen. Zumindest sollte es dann leichter fallen, Konflikte und Zurückweisungen nicht zu persönlich zu nehmen bzw. entstandene Feindschaften rascher zu beenden.

Zuletzt folgt die Bitte: *Und führe uns nicht hinein in Versuchung/Prüfung*. Sie ist in beiden Versionen gleichlautend, hat aber gerade in jüngster Zeit wieder viel Aufmerksamkeit (auch von Papst Franziskus) auf sich gezogen. Doch die Frage ist alt (Jak 1,13ff) und hat auch durch unsere Übersetzungen noch zusätzliche Irritationen bekommen. Denn eigentlich ist von einer *Prüfung* die Rede (*peirasmós*, dahinter steht die Empirie, die Erfahrung), aber wir hören bei »Versuchung« meist nur eigenartige moralische Nebengeräusche. Bei Matthäus jedoch steht dieses Wort(feld) in Verbindung mit der Prüfung Jesu vor seinem öffentlichen Wirken (die sogenannte »Versuchung Jesu«: Mt 4,1ff), seinen Diskussionen mit den Pharisäern und Sadduzäern (16,1) und besonders bedeutungsvoll wieder in Getsemani, wo es für ihn um Leben oder Tod geht und die Jünger und Jüngerinnen schlafen (26,41).

Dabei geht das Vaterunser von einem Menschenbild aus, das um die Grenzen unserer Belastbarkeit weiß. Aber auch davon, dass letztlich alles mit Gott zu tun hat, haben muss, selbst wenn wir der schwersten Prüfung unterzogen werden. Auch wenn es dunkle Seiten in Gott gibt, mit denen wir gar nicht so leicht oder überhaupt nicht zurechtkommen, sie sind allemal besser als ein Teufel als ewig überlegener Gegenspieler Gottes. Denn wenn wir wirklich glauben wollten, dass der Teufel der eigentliche Versucher ist, dann müssten wir die letzte Vaterunser-Bitte konsequent an ihn richten. Absurd!

Das jesuanische Vaterunser endet abrupt an dieser Stelle, wie wir wieder bei Lukas erfahren können. Doch Matthäus erweitert nochmals und schließt den zweiten Teil der Bitten mit dem feierlichen Nachsatz ab: *Sondern/ vielmehr rette uns weg von dem Bösen/Schlechten.* Ob *das* Böse oder *der* Böse gemeint ist, bleibt offen, aber die Bitte um Rettung ist in bestimmten Lebenssituationen wohl das Einzige, was uns noch bleibt.

Das Matthäusevangelium spricht häufig vom Bösen, an zwei Stellen dezidiert auch vom *bösen Auge.* Es verortet das Böse vor allem im neidischen Blick, der alles verfinstert (s. 10). Doch wenn uns der eigene blinde Fleck einmal zu Bewusstsein kommt, sind wir unserer Erlösung vom Bösen schon ein gutes Stück näher gekommen. Alles wird heller in unserem Denken, in unserer Seele, in unserem Leib. Unsere Gesundheit und die Umwelt werden es uns danken.

9

Betet unablässig (1 Thess 5,17)

In den sieben langen Bombennächten, die meiner Heimatstadt Bruck an der Mur als wichtigem Bahnknoten im letzten Halbjahr des Krieges beschieden waren, schien nur noch das Beten meiner Mutter gegen die nackte Angst zu helfen. Das räumten selbst die nichtgläubigen Hausparteien und der Nazi-Blockwart ein, mit denen wir zusammen im Keller des zweistöckigen Wohnhauses das ohrenbetäubende Krachen und die gewaltigen Druckwellen der nahen Detonationen durchlebten.

Auch nach dem Krieg blieb das Beten Leitthema, nicht nur in der täglichen Messe, dem in der Hungerzeit besonders innigen Tischsegen oder dem langen Abendgebet. Zudem suchte der »Rosenkranzsühnekreuzzug« unbedingt die Bekehrung Russlands zu erwirken. Das bedeutete einen Rosenkranz zusätzlich, an besonderen Tagen auch deren drei. Was sich dann einen Psalter nannte, in Anlehnung an die 150 Psalmen der Bibel, denen die 150 Ave Maria des dreifachen Rosenkranzes entsprachen.

Dermaßen exzessiv wird das Gebet heute wohl kaum noch geübt, aber Mai und Oktober gelten weiterhin als die besonderen Rosenkranzmonate. In ländlichen Gebieten kommt man bei einem Todesfall im Sterbehaus oder einer nahen Kapelle immer noch gerne »zum Beten« zusammen. Die so gezeigte Anteilnahme hat etwas Tröstliches, sowohl durch die Wirkungen der gemeinsamen Meditation als auch durch das Erleben der mitfühlenden Gemeinschaft.

Die Frage ist nun, in welcher Weise dabei Gott ins Spiel gebracht wird. Was hat Paulus gemeint, wenn er bereits im ältesten Schreiben des Neuen Testaments zu unablässigem Gebet auffordert? Muss Gott wirklich so bestürmt werden, wie in der biblischen Schlacht gegen *Ámalek*, in der Israel nur obsiegen konnte, solange *Mose*, von *Aaron und Hur* gestützt, die *Hände* zum Gebet *erhob* (Ex 17,8–16)? Solches lässt sich höchstens einen Tag, aber kein Leben lang durchhalten. Doch auch in dieser Erzählung haben wir es mit der typisch orientalischen Bildsprache zu tun. Ihre tiefere Botschaft ist jedoch selbst im profansten Umfeld einigermaßen nachvollziehbar: Ein »mentaler« Beistand von gut Gesinnten kann sich in schwierigen Situation durchaus als hilfreich erweisen.

Also lohnt es, die Sorgen und Ängste, die uns tagtäglich begegnen und gelegentlich auch selbst heimsuchen, nicht noch zu verstärken, sondern »in Gedanken, Worten und Werken« möglichst immer Gutes aufrechtzuerhalten und zu sagen (lat. *benedícere,* jiddisch verballhornt: *›benschen‹),* also zu segnen. Das schafft Entlastung und

Unterstützung in Chaos und Stress. Aber eine solche Form des Betens ist eher eine Grundhaltung, eine Lebenseinstellung, und sie besteht nicht unbedingt im andauernden Rezitieren von Gebetsformeln.

Auch Paulus hat kaum ständig auf solche Art gebetet, obwohl er auf seinen enorm langen Fußmärschen genügend Zeit dafür gehabt hätte. Doch das Gehen damals war ungleich anstrengender als heutiges Weitwandern oder Wallfahrten mit ergonomischen Rucksäcken, leichter Funktionswäsche und perfektem Schuhwerk. Wenn der Apostel zwecks Gemeindegründung länger Station machte, hatte er wohl auch Tag und Nacht zu tun (2 Kor 11,27ff), denn er verdiente seinen Lebensunterhalt als *Zeltmacher* (Apg 18,3) und ließ sich nicht (nur) fremdfinanzieren wie andere Missionare. Nein, seine wirtschaftliche Autarkie war sogar sein besonderes Markenzeichen (1 Kor 9). Aber gerade ein solches Lebenskonzept braucht Augenmaß und Balance, und dies ist auch der Inbegriff aller griechischen Weisheit: »Halte Maß! Nichts allzu sehr!« (neben dem: »Erkenne dich selbst«). Das bedeutet für uns: Eine Geschäftigkeit oder Beschäftigung ohne spirituelle Tiefe kann kaum nachhaltig oder erfüllend sein, eine reine Kontemplation ohne handfestes Tun jedoch auch nicht (s. 28).

Das Gebet ist so etwas wie der Lackmustest unseres Gottesbildes und unserer Lebenshaltung. Um beim biochemischen Vergleich zu bleiben: Es zeigt untrüglich auch, ob unser Gottesbild überhaupt eine Basis hat, also »basisch« ist oder bereits übersäuert und krankmachend.

Wenn Jesus von einem bedingungslos gütigen Gott gesprochen hat und wir das nur annähernd verstanden haben, ist es dann noch angebracht, Gott ständig um Erbarmen anzuflehen wie es unsere katholischen Messtexte tun? Äußert sich da nicht zu allem Glauben hinzu immer wieder derselbe Generalverdacht, dass dem Höchsten vielleicht doch nicht so ganz zu trauen ist, besonders wenn es für uns ans Eingemachte geht? Bei Begräbnis und Tod fallen uns oft nur die Bitte um Vergebung der Schuld und die Aufnahme der Toten ins ewige Leben bzw. die Gewährung der ewigen Ruhe ein, die wir dann mit anhaltender Friedhofsruhe verwechseln.

Dürfen wir Gott wirklich guten Gewissens und in den Fürbitten sogar einhellig bis einstimmig um etwas bitten, wofür eigentlich wir selbst zuständig sind? Denn dass es keinen Hunger und keine Kriege in der Welt geben soll, dafür haben wir selbst Sorge zu tragen, und sollten diese Verantwortung nicht gleich Gott zuschieben. Auch die Kirchenprobleme von heute wird er uns kaum als theatralischer *deus ex machina* lösen, sondern *wir* müssen uns verändern und reformieren, also aufstehen und uns als gläubige Gemeinschaften neu aufstellen, ohne auf kirchenamtliche Erlaubnisse oder Anordnungen zu warten.

Anderseits: Wir können beim Beten auch nicht allzu viel falsch machen, denn der himmlische Vater weiß um die Bedürfnisse seiner Kinder, bevor sie ihn bitten (Mt 6,8), und er weiß auch, ob das, worum wir gerade bitten, wirklich gut für uns ist. Also sollten wir nicht sofort erbost reklamieren, dass das Beten nicht hilft, wenn wir nicht exakt und auf der Stelle das bekommen, was wir uns im Augenblick gerade sehnlichst gewünscht haben. Das jüdische Achtzehnbittengebet verbindet seine Bitten immer wieder mit dem Lobpreis, dass Gott sie auch erhört, also Kranke heilt, Tote erweckt usw., auch wenn die damit bedachten Angehörigen, Freundinnen und Freunde augenscheinlich (noch) nicht unter den Begünstigten sind. Darin offenbaren sich zumindest Anstand und Einsicht.

Was aber Gebete an den guten Vatergott bestimmt nicht benötigen, sind irgendwelche Fürsprachen. Solche Vorstellungen über den Himmel passen eher in einen altorientalisch-byzantinischen Hofstaat mit seinen Intrigen als in die universale Hausgemeinschaft, für die der Hausvater Jesu nicht nur mit guten Gaben, sondern *heiligem Geist* (Lk 11,13) sorgt. Es ist also völlig unnötig, alle Engel und Heiligen anzurufen (und zu bestechen?), um den als unberechenbar phantasierten Allherrscher doch noch gnädig zu stimmen. Auch Interventionen Marias als der »Gottesmutter« erübrigen sich, wenn schon die hebräische Bibel das göttliche Erbarmen mit dem warmherzigen Bild der *Mutterschöße* (*réchem – rachamím*, die auch zu Beginn jeder Koransure anklingen) beschreibt. Doch offensichtlich verkörpert Maria für viele Menschen (und auch Moslems wallfahrten gerne nach Fátima) die emotionale Seite Gottes. Aber es geht wohl weniger um das korrekte Gottesbild (was ist das schon?), sondern um das Vertrauen, dass der mütterliche Gott bzw. die göttliche Mutter ihr Wohlwollen nie von ihren Kindern abziehen wird, egal wie schlimm sie sich benehmen (und darunter auch »ewig« leiden, selbst wenn sie das mit allen Mitteln zu verdrängen suchen).

Jesus hat uns dazu ermutigt, mit dem Höchsten so auf Du und Du zu stehen, dass wir alles geradewegs heraus sagen dürfen, ihm und uns »jedes Wort« zutrauen (*parrhēsía,* aus *pan rhḗma*). Das unglaublichste und kühnste davon ist immer noch das kleinkindliche *ábba,* Papa. Unsere von Jesus zugesagte, aber inzwischen hoffentlich auch erwachsen gewordene Gotteskindschaft emanzipiert uns von jeder Knechtschaft und Unmündigkeit, befreit uns von Furcht: Wir können mit ihm zusammen unser gemeinsames göttliches Erbe antreten (Röm 8,15ff).

Wenn wir diese jesuanische Augenhöhe und Gottesnähe wirklich gewinnen, erübrigen sich alle Floskeln wie »Unser Vater, unser König« (jüdisch) oder »Allmächtiger ewiger Gott« (katholisch) bzw. sonstige Titel, mit denen wir ihn nicht nur verehren, sondern auch auf Abstand halten. Wenn wir Gott wirklich als Vater und Mutter *aller* Wesen verehren, werden wir auch ziemlich bald Verständnis dafür aufbringen, dass nicht alle Menschen der biblischen Tradition und unseren vertrauten konfessionellen Sprachspielen folgen können, sondern auf ihren je eigenen Wegen auf das letzte Geheimnis des Lebens zugehen. Das gilt nicht nur für die asiatischen Religionen, sondern auch für die Atheisten und Atheistinnen, die sich von den gängigen Gottesvorstellungen verabschiedet haben, aber deswegen noch lange nicht

»ungläubig« sind. Angesichts einer nicht mehr von den Regierenden vorzuschreibenden Religiosität und der Diversität unserer modernen Gesellschaft müssen wir viel mehr als früher darauf achten, was unsere öffentlichen und privaten Gebete für die Fremden und Nichteingeweihten besagen, denn auch sie sind Kinder desselben himmlischen Vaters und hören unsere Beziehungsgespräche und Bitten an ihn mit.

Wir tun gut daran, uns auf Erstere zu konzentrieren. Das bedeutet, ehrlicher von unseren Gefühlen und Befindlichkeiten zu sprechen und auch unser großes Gegenüber mehr als bisher zu erspüren, wahrzunehmen, anzunehmen, sein Wesen und Geheimnis zu bedenken und zu bedanken, ohne immer gleich: »möchte ich« oder »gib mir« zu sagen. So gesehen heißt ohne Unterlass beten: die ewige und umfassende Gegenwart der Transzendenz genießen, und zwar immer, ob wir gehen oder schlafen, lachen oder traurig sind, arbeiten oder meditieren, leben oder sterben.

10

Bergpredigt

Wenn Matthäus Jesus die erste seiner fünf Reden am Berg halten lässt, dann knüpft er direkt an die Offenbarung am Sinai an. Doch möchte er diese bestimmt nicht auflösen, außer Kraft setzen, sondern zur Fülle bringen, wie Jesus erklärt (Mt 5,17). Womit ein Problem angesprochen wird, das weit über die Religion hinausreicht. Denn auch wenn wir eine Weisung, einen Ratschlag oder Ähnliches auf Punkt und Beistrich befolgen möchten, heißt das noch lange nicht, dass damit auch schon das Wesentliche einer Situation getroffen ist, nämlich das, was die Bergpredigt *Gerechtigkeit* nennt. Uns mag die Anwendung einer bestimmten Regel zwar angemessen erscheinen, aber ob sie das auch wirklich ist, ist nicht ausgemacht, denn vielleicht haben wir eine Situation nicht richtig eingeschätzt. Doch wir lernen nur durch Versuch und Irrtum, die uns kein Ratschlag jemals ganz ersparen kann.

Nach den einleitenden Seligpreisungen (s. 6) folgen Beispiele, in denen Jesus mit seinem pointierten: *Ich aber sage euch* den bekannten Wortlaut der Bibel neu interpretiert. Die Auslegung spricht dabei meist von den *Antithesen,* aber der Ausdruck ist überspitzt (und zudem deutlich antijüdisch), denn die Syntax (griechisch: *de*) signalisiert einen einfachen Wechsel der Person oder Handlung. Auffällig ist nur die sechsfach betonte Auslegungskompetenz mit: »*ich* aber …«. Doch Jesus stellt sich der göttlichen Weisung nicht entgegen (*antí*), er bricht nur unsere minimalistische Sichtweise davon auf.

Wenn das fünfte Gebot den Mord (und nicht unbedingt das Töten) verbietet (Ex 20,13), sieht Jesus die Integrität des Mitmenschen schon durch Zorn oder Schimpfworte wie »Dummkopf« (5,22) verletzt. Sogar ein Tempelopfer ist zu unterbrechen, wenn die Erinnerung auftaucht, *dass dein Geschwister* (*adelphós/adelphḗ* meint eigentlich denselben Mutterleib) *etwas gegen dich hat* (und nicht umgekehrt), bis du dich mit ihm *ausgesöhnt* hast. Auch der Gang zu den Gerichten ist möglichst zu vermeiden bzw. abzubrechen, da er leicht Folgen nach sich zieht, die eigentlich niemand haben möchte (5,23–26). Wenn wir diese Passage einigermaßen verstehen, dann greift auch die oft gehörte Beteuerung: »Ich hab' niemanden umgebracht« für jesuanisch gelebte Mitmenschlichkeit erheblich zu kurz.

Das sechste Gebot nennt den Ehebruch (Ex 20,14), nicht die Unkeuschheit, wie der Schulkatechismus einst behauptete. Er beginnt für Jesus nicht erst dort, wo nur mehr der berühmte Seidenfaden zwischen beide illegitimen Akteure passt, sondern schon mit dem begehrlichen Blick. Was folgt, ist orientalische Rhetorik, die mit schockierenden Übertreibungen aufhorchen lassen will (Mt 5,29f). Aber ein reales Ausreißen des Auges oder Abschlagen der Hand (bzw. ein *Eselsmühlstein um seinen Hals* und ein Versenken *in der Tiefe des Meeres*: 18,6) ist nicht im Geringsten angedacht. Es würde vielmehr, als Selbst- oder Fremdbestrafung praktiziert, die gesamte Jesusbotschaft disqualifizieren.

Doch Jesus provoziert weiter, indem er die Ehescheidung dem Ehebruch gleichsetzt. Aber weder er noch Matthäus werten dies als neues Gesetz, sondern machen zweimal die Ausnahme geltend: *außer (im Tatbestand) von Unzucht (porneía*: 5,32; 19,9), während das katholische Kirchenrecht an der Unauflöslichkeit der Ehe kategorisch festhalten möchte, im deutlichen Kontrast zum nachfolgenden Beispiel, das zwar nicht mehr dem Dekalog zugehört, dessen Auslegung aber erheblich laxer gehandhabt wurde. Denn während die Bibel mahnt, nicht falsch zu schwören bzw. die Schwüre einzuhalten (Num 30,3), legt Jesus nach: *gänzlich nicht zu schwören … Eure Rede aber sei: Ja ja, nein nein! Das aber darüber hinaus ist aus dem Bösen* (Mt 5,33–37). Doch mit der kirchlichen Absegnung des Eides wurde nicht nur ein auch im profanen Staat höchstverbindliches Beweismittel geschaffen, sondern auch die Wahrhaftigkeit im Alltag zur Disposition gestellt.

Schwierigkeiten bereitet auch die Interpretation des sogenannten Talionsrechtes: *Auge anstelle von Auge und*

Zahn anstelle von Zahn … (Ex 21,24f). Es wurde und wird von der öffentlichen Meinung meist nicht als das gewürdigt, was es ursprünglich meint. Auch heute ließe sich damit noch viel Unheil vermeiden, denn es begrenzt alle maßlos ausufernden Rachegelüste. (Es verlangt z. B. für ein ausgeschlagenes Auge oder Zahn eines Sklaven, einer Sklavin deren Freilassung; seit der Erfindung des Geldes setzte man zunehmend auch auf finanzielle Ersatzleistungen.) Doch Jesus hält dem nicht weniger revolutionär entgegen: *dem Bösen nicht zu widerstehen* (Mt 5,39). Auch dieser Satz ist bei wörtlicher Auslegung nicht mehr als das zu erkennen, was er eigentlich ist: unglaublich weise.

Wer nämlich in Sachen Gewalt Gleiches mit Gleichem »vergelten« möchte, hat meist schon verloren, weil ein halbwegs intelligenter Angreifer nur Mittel und Methoden vorgeben wird, in denen er sich eindeutig überlegen fühlt, und der Versuch, es ihm gleichzutun, würde ihm nur die Eskalation bis zum bitteren Ende erlauben. So kann gerade das unerwartete Hinhalten der anderen Wange unter Umständen einen weiteren Schlag eher aufhalten als eine versuchte Gegenwehr. Würde daraus aber ein kategorisches Prinzip abgeleitet, würde es das Gegenteil bewirken und zu ungebremster Aggression einladen. (Auch Jesus nimmt nach Joh 18,23 die Ohrfeige, die ihm ein Knecht des Hohepriesters versetzt, nicht ergeben hin, sondern stellt den Täter selbstbewusst zur Rede.)

Das zweite Beispiel betrifft die Hand- und Spanndienste, die der Staatsmacht zu leisten waren (und wozu auch *Simon von Kyréne* am Kreuzweg Jesu konquiriert wird: Mt 27,32). In diesem Fall empfiehlt Jesus, zur abgenötigten *einen* Meile noch eine zweite zuzulegen, wohl um dem Aggressor die menschliche Begegnung nicht zu ersparen, der er sich damit ausgesetzt sieht.

Auch die jesuanische Gewalt*losigkeit* ist also nicht völlig gewalt*frei* (das wäre eine Illusion bzw. Definitionsfrage), aber sie nimmt sich die Freiheit, die entsprechenden Mittel der Gewalt selbst und situationsgerecht zu wählen und sich nicht vom Aggressor aufzwingen zu lassen. Doch innerhalb der christlichen Tradition brachte es diese jesuanische Grundidee nicht einmal zu einem evangelischen Rat (wie Armut, Gehorsam und Keuschheit), sondern der Mainstream hielt über das jüngste Konzil hinaus an der Lehre vom gerechten Krieg fest, obwohl die rasante Entwicklung der Waffen sie längst in die Sackgasse gemeinsamen Selbstmordes hineinmanövriert hatte (s. 6).

Das dritte Beispiel zeigt hohe Aktualität in einer Zeit, in der bei nicht zu erbringender Steuerleistung die Schuldknechtschaft drohte: *Und von dem, der von dir leihen will, wende dich nicht ab* (5,42). Das meint gewiss anderes als die großzügige Begleichung leichtsinniger fremder Spielschulden und dergleichen, sondern ist ein Stachel im Fleisch des gesamten Wirtschaftssystems, das Geld für sich »arbeiten« lässt und damit virtuelle Gewinne und reale Verlierer schafft.

Genau hinzuhören ist auch beim nächsten Thema: *Ihr habt gehört, dass gesagt wurde: Du wirst deinen Nächsten lieben und deinen Feind hassen* (5,43). Doch nur der erste Teil ist ein Bibelzitat (Lev 19,18), nicht aber der Feindeshass. Ganz im Gegenteil: *Hungert dein Feind, ernähre ihn, dürstet er, tränke ihn* (Spr 25,21; griechisch). Wohl aber gibt der zweite Teil eine zur Zeit Jesu weit verbreitete Stimmung und Parole wieder, die meinte, mit Feindeshass Gott einen Dienst zu erweisen. Feinde gab es genug: die römischen Besatzer der Provinz Judäa und ihre privaten Steuereintreiber und Steuereintreiberinnen, die herodianischen »Viertelfürsten« (*Tetrarchen*) und überhaupt alle Bösen (anderen). Hier musste Jesus eindeutig Position beziehen, ebenso die frühe Kirche, was handfeste Loyalitätskonflikte mit dem Judentum heraufbeschwor und zur gegenseitigen Entfremdung und Anfeindung führte. Doch für Jesus ist die Gewaltlosigkeit Konsequenz der Feindesliebe Gottes. Er nennt in diesem Zusammenhang ziemlich provokant zuerst *die Bösen, über die Gott seine Sonne aufstrahlen lässt,* und dann erst die Guten (Mt 5,45). Oder auch die schöne Stelle: *Schaut hin auf die Vögel des Himmels* (6,26) dürfte im Original zunächst eher den gefräßigen (unreinen) *Raben* gegolten haben, die *Gott ernährt* (Lk 12,24). Solche Beispiele göttlicher Feindesliebe und Fürsorge für alle laden stillschweigend dazu ein, auch unser eigenes Verhalten zu revidieren, sowohl Gott als auch den Menschen gegenüber.

Eine erste Zusammenfassung: »Seid also vollkommen, wie euer himmlischer Vater vollkommen ist!« (Mt 5,48 EÜ). Hierbei tut sich ein neues Verständnisproblem auf, denn der große Sprachenkenner und Asket Hieronymus hörte auf Latein: »Seid also *perfekt*«, was jedoch einen enormen Leistungsdruck erzeugt, der meist unbewusst-aggressiv kompensiert wird. Vom ursprünglichen Wortsinn her ist jedoch nicht von Perfektion, sondern eher von einem Ziel (*télos*) die Rede: *Seid also zielgerichtet* (*téleios*), *wie es auch euer himmlischer Vater ist.* Das Ziel, nach dem wir unser Leben ausrichten dürfen, ist die Güte, ja die Feindesliebe Gottes. Vollkommenheitsstress wirkt negativ.

Das Thema Almosen leitet zum Vaterunser über (s. 6), denn Gebet und Almosen gehören traditionellerweise eng zusammen. Sie lösen zwar das zugrunde liegende Problem der ökonomischen und sozialen Ungerechtigkeit nicht, sind aber ein notwendiger, Not wendender Ausdruck gelebter Mitmenschlichkeit. Doch die jesuanische Weisung heißt nicht: »Tu Gutes und sprich darüber«, sondern: *Posaune es nicht vor dir her* (Mt 6,2), betätigt euch nicht in der Öffentlichkeit als *Schauspieler/innen* (*hypokrítēs*), woraus die abendländischen Übersetzungen durchweg (und wieder deutlich judenfeindlich) »Heuchler« gemacht haben, während Jesus keinen Anlass sah, gegen diese, ihm von der nahen Hauptstadt Sepphoris her vertraute griechische Kultureinrichtung zu polemisieren.

Abgeschlossen wird das Thema Almosen wieder mit einer typisch orientalischen Pointe: *Wenn du Almosen machst, soll die Linke nicht wissen, was die Rechte tut* (Mt 6,3). Vom Körperbewusstsein her ist solches freilich gar nicht möglich, aber in seiner paradoxen Übertreibung beschreibt der Satz eindrücklich, dass Almosen eine sehr diskrete Angelegenheit bleiben müssen und nicht der

Selbstdarstellung dienen dürfen. Denn es ist auch nicht leicht, Almosenempfänger oder Almosenempfängerin zu sein, weil damit unwürdige Verhältnisse festgeschrieben werden, die nicht besser werden, je mehr die Öffentlichkeit die Wohltätigkeit der Gönner und Gönnerinnen feiert. *Geben ist seliger als nehmen* bestätigt denn auch ein sonst völlig unbekanntes Jesuswort, das Paulus in seiner Abschiedsrede in Milet vor den Presbytern aus Ephesus zitiert (Apg 20,35). Jedenfalls wird nur für das im Verborgenen Getane der Lohn des himmlischen Vaters in Aussicht gestellt.

Nach dem Vaterunser und den Nachbemerkungen zur Dringlichkeit des Vergebens wird das Fasten behandelt. Auch dieses soll nicht als Schauspielerei an der Öffentlichkeit demonstriert, sondern im Verborgenen praktiziert werden, obwohl offen bleibt, worin sein Wert nun wirklich liegt. Doch sprechen die Indizien dafür, dass es ein wichtiges religiöses Thema zur Zeit Jesu war (Mk 2,18). Er selbst jedoch scheint es außer bei seinem 40-tägigen Wüstenaufenthalt (Mt 4,2) nicht sonderlich praktiziert zu haben.

In der Reprise zum Thema Reichtum wird zwischen irdischen und himmlischen Schätzen unterschieden. Erstere sind von Verfall und Diebstahl bedroht (und machen auch nicht unbedingt glücklich), daher ist es besser, sein Herz in Himmlisches zu investieren. Darauf folgt ein Satz, wie er in der Geschichte der Menschheit nur selten so klar ausgesprochen wurde:

Das Licht des Leibes ist das Auge.
Wenn nun dein Auge einfach/lauter ist, wird dein ganzer Leib licht sein.
Wenn aber dein Auge böse ist, wird dein ganzer Leib finster sein.
Wenn nun das Licht in dir Finsternis ist, wie groß ist die Finsternis. (Mt 6,22f)

Die aktuelle Version der EÜ jedoch spricht weiterhin vom »gesunden und kranken« Auge (richtig: Luther), was einige Ratlosigkeit hinterlassen muss, denn gesunde oder kranke Augen gelten meist als unabänderliches Schicksal, während es Jesus um unsere eigene Einstellung in der Weltsicht geht, sozusagen um die Blende oder den Filter, die wir ihr und uns selbst aufsetzen.

Zwar ist das mit dem *einfachen, lauteren* (*haploús*) Blick auch nicht gleich auf Anhieb verständlich, aber im Gegenüber zum *bösen/schlechten* (*ponērós*) Auge kann kein Zweifel bestehen: Es geht um den im Orient so gefürchteten »bösen Blick«, als den ihn auch das spätere Gleichnis von den Arbeitern im Weinberg (Mt 20,15) identifiziert. Also kann auch der erste Teil logischerweise nicht von einem gesunden Auge reden. Doch könnte die von Jesus gemeinte Einfachheit/Geradlinigkeit eines Blickes ohne Hintergedanken tatsächlich die negativen Folgen eines bösen Blickes heilen und das Auge »aufhellen« und damit den ganzen Menschen freundlich und gesund machen.

Die Botschaft ist eindeutig: Wir selbst haben die Verantwortung zu übernehmen, wie wir die Welt sehen.

Das ist für Semiten leichter einsichtig als für uns, denn das hebräische/aramäische Wort *'ayin* (neuhebräisch *en* oder *ein*) bedeutet nicht nur Auge, sondern auch Quelle. Das Auge (als vorgelagerter Teil des Gehirns) rezipiert die Außenwelt nicht einfach objekthaft und schon gar nicht objektiv, vielmehr fließt unsere innere Quelle nach außen und färbt die gesamte Weltansicht ein und um, macht sie hell und freundlich oder finster und feindselig.

Es folgt ein markanter Satz zum Reichtum: *Niemand kann zwei Herren/Herrinnen dienen* (Mt 6,24), also auch nicht *Gott* und dem *Mammon*, obwohl sich scheinbar alles um das Geld dreht, leider auch in der Religion. (Das war auch der eigentliche Konflikt mit dem Tempel, der um sein Opfergeschäft bangte. Dass dabei der Tresor in unmittelbarer Nähe zum Allerheiligsten stand und zudem in religiös streng verbotener, aber harter tyrischer Währung bedient wurde, ist die zweite Seite der durch Opfer zu erwirkenden priesterlichen Vergebung im Namen Gottes.) Doch so unentbehrlich das Geld für uns alle ist, es übernimmt meist auch die Regentschaft über unser Leben und macht uns zu seinen (Götzen)Dienern und Dienerinnen.

Matthäus fügt sodann eine typisch orientalische Metapher an: *Wer von euch kann sorgend seinem Lebensalter/seiner Körpergröße eine Elle hinzufügen?* (Mt 6,27) (Zu beiden Lesarten bietet die moderne Medizin erstaunliche Möglichkeiten, auch wenn in Sachen Körpergröße die Elle kaum jemals erreichbar sein wird, während sich hinsichtlich der Lebenserwartung beachtliche Spannweiten über Jahrzehnte auftun. Aber auch die haben ihren Preis und ihre Grenzen.)

Das anschließende Sorgenevangelium ermutigt zu mehr Gottvertrauen:

> *Euer himmlischer Vater nämlich weiß, dass ihr das alles braucht …*
> *Sorgt euch nicht auf das Morgen hin, denn das Morgen hat seine eigene Sorge.*

(Die EÜ liest weiterhin: » … wird für sich selbst sorgen«, was sich jedoch mit dem folgenden Satz schwer verträgt): *Genug ist dem Tag seine Schlechtigkeit/sein Böses/seine Plage.* (6,32ff)

Gemeint ist, dass wir heute noch nicht wissen, welche Sorgen morgen wirklich anstehen, weswegen sie nicht heute schon »besorgt bzw. entsorgt« werden können. Die Übersetzungen jedoch machen falsche Versprechen, wenn sie meinen, dass es morgen nichts mehr zu sorgen gäbe, »denn der morgige Tag wird für das Seine sorgen« (Lutherbibel).

Erneut taucht sodann das Thema Auge mit den Stichworten »urteilen« und »verurteilen« auf. Jesus trifft mit seinem paradoxen Bildvergleich *Splitter und Balken* (7,3) beim Thema Projektion voll ins Schwarze, und das schon lange vor jeder Tiefenpsychologie. Dass dabei gleich dreimal vom *Hinauswerfen* des Fremdkörpers aus dem Auge die Rede ist, erinnert an die Dämonenaustreibungen, was kaum Zufall ist. Vielmehr verdeutlicht dies, wie verhängnisvoll das Phänomen Projektion wirklich ist. Es stiftet nicht nur großen Schaden im zwischenmenschlichen Bereich, es vergiftet auch und vor allem das Gottesbild. Da gilt es wahrlich, etliche »Dämonen«, also böse Geister zu vertreiben. Aber sie haben menschliche Gesichter, so verzerrt sie auch erscheinen mögen (s. 21). Den Teufel können wir dabei guten Gewissens aus dem Spiel lassen.

Zuletzt wieder ein drastischer Vergleich:

Gebt das Heilige nicht den Hunden
und werft eure Perlen nicht vor die Säue,
damit sie sie nicht niedertreten mit ihren Füßen
und sich umwenden und euch reißen. (Mt 7,6)

Die Auslegung erging sich leichter in herabwürdigenden Rollenzuweisungen als in der Reflexion darüber, welche Folgen unachtsames Handeln nach sich zieht. Auch wenn die Wirkungsgeschichte damit vor allem Ausschlüsse aus der Eucharistie zu rechtfertigen suchte –, in einer total vernetzten Welt ist diese Gleichnisrede vielleicht aktueller denn je, geht es doch darum, den Intimbereich und alles, was einem »heilig« ist, nicht offen zur Schau zu stellen, weil das eine Dynamik in Gang setzt, die sich alsbald auch gegen uns selbst wendet.

Die Zusicherung, *dass der Vater in den Himmeln Gutes geben wird denen, die ihn bitten* (Mt 7,11), stößt bisweilen auf Unglauben bzw. Enttäuschung, wobei das Problem eher darin liegt, dass wir meist erst nach vielen Widerständen und Protesten begreifen, dass das, was ist oder unvermeidlich wird, einen höheren Sinn haben muss, auch wenn er lange unverständlich bleibt.

Die in den meisten Religionen hochgehaltene »Goldene Regel« ist in der Bergpredigt *positiv* formuliert: *Alles nun, was immer ihr wollt, dass euch die Menschen tun, so tut auch ihr ihnen* (Mt 7,12). Das eröffnet mehr Handlungsspielräume als Empfehlungen, den anderen *nicht* zu tun, was man auch selbst nicht erfahren möchte. Was damit in der Praxis gemeint ist, hat Jesus bereits nach den Seligpreisungen mit dem *ich aber sage euch* ... an einigen markanten Beispielen dargelegt.

Schließlich die eindringliche Mahnung:

Geht hinein durch die enge Pforte.
Denn weit ist die Pforte und der ins Verderben wegführende Weg geräumig,
und viele sind es, die durch sie eingehen;
wie eng ist die Pforte und der ins Leben wegführende Weg bedrängt,
und es sind wenige, die sie finden. (Mt 7,13f)

An sie schließt die Warnung vor *Falschprophetinnen und Falschpropheten* an, *die in Kleidern von Schafen zu euch kommen, innen aber raubende Wölfe sind* (Mt 7,15); erneut eine Tiermetapher, die unsere Rollenspiele und Verkleidungen zur (Bild)Sprache bringt. Doch gerade in Sachen Religion und Spiritualität ist die Gefahr einer Verführung und des (auch geistlichen) Missbrauchs erschreckend groß, was erst in jüngerer Zeit ans Licht drängt und sich nicht länger verleugnen lässt. Weil oft erst die Früchte die wahre Qualität eines Baumes erkennen lassen (7,16–20), ist Achtsamkeit und Geduld vonnöten, um eine Unterscheidung der Geister (und Früchte) vollziehen zu können.

Die Abschlussempfehlungen: Das Christusbekenntnis allein nützt nicht, es geht darum, den Willen des himmlischen Vaters zu tun. Kluge Menschen bauen ihr (Lebens-)*Haus* nicht auf *Sand*, sondern auf *Fels* (spricht da der Baumeister Jesus aus Erfahrung?) und können unterscheiden, was Illusion ist und was trägt (also wahr ist), auch in Belastungssituationen (7,24–27).

Die Reaktion auf die Lebensweisheiten der Bergpredigt ist allgemeines Erstaunen. Die Menschen sind außer sich, weil sie sehen, dass Jesus *lehrt wie einer, der Freiheit* (*exousía;* lateinisch: *potéstas*) *hat.* Die Übersetzungen sprechen meist von einer »Vollmacht«, womit profan tatsächlich ein politisches Amt bezeichnet wird. Doch ist eine solche Deutung im jesuanischen Kontext wenig sinnvoll. Denn beim Sprecher der Bergpredigt geht es weder um eine politische Funktion noch um eine besondere »(göttliche) Vollmacht«, wie noch die EÜ von 1980 meinte (die Revision 2016 lässt den Klammerausdruck jetzt weg), sondern darum, dass er *aus* (*ek/ex*) seinem *Sein* (*ousía*) authentisch redet und handelt (s. 30) –, eine Qualität, die weder Schriftgelehrsamkeit noch eine kirchliche Beauftragung wirklich garantieren können.

Die Bergpredigt ist und bleibt einer der prominentesten Texte der Weltliteratur, und auch innerhalb der Bibel. Sie enthält so ziemlich alles, was man zum Leben braucht. Aber ihr Verständnis ist herausfordernd. Doch wenn wir aus ihrem großen *Schatz Neues und Altes ›herauswerfen‹* (vgl. Mt 13,52), geht auch uns gewiss mehr als ein Licht auf.

11

Vergebung – vergeblich?

Das Thema ist ein Dauerbrenner in den Gottesdiensten, aber seine Häufigkeit zeigt, dass da zu vieles offen bleibt. Es kann doch nicht sein, dass wir von einem Augenblick zum anderen schon wieder so viel gesündigt hätten, um erneut um Vergebung bitten zu müssen. Es liegt wohl eher an unserem Gottesbild, das uns nicht zur Ruhe kommen lässt und es uns schwer macht, seiner Güte wirklich zu trauen. Wenn wir das aber könnten, wäre die Sache ein für alle Mal erledigt, oder nein, sie begänne erst richtig. Denn erst wenn wir uns nicht mehr unter Anklage fühlen, können echte Einsichten darüber reifen, wo zur Zeit Veränderungen sinnvoll und angebracht sind. Als Beschuldigte oder sich ständig schuldig Fühlende sind wir viel zu sehr mit unserer Verteidigung beschäftigt und machen dann lieber andere für alles Negative verantwortlich als unserer eigenen, vielleicht gar nicht so wohltemperierten Stimmung in den vorhandenen Misstönen nachzuspüren.

Was wir von Jesus jedoch mit Gewinn lernen können: Einzig die Vergebungsbitte des Vaterunsers ist mit unserer eigenen Bereitschaft dazu gekoppelt. Die EÜ liest an dieser Stelle: »Und erlass uns unsere Schulden, / wie auch wir sie unseren Schuldnern erlassen haben!« (Mt 6,12). Doch wir beten weiterhin: »Und vergib uns unsere Schuld, wie auch wir vergeben unseren Schuldigern« (so auch die Lutherbibel 2017). Das letzte Wort ist ungewöhnlich, ungebräuchlich, denn dabei machen wir ein deutsches Adjektiv zum Hauptwort (*opheilétēs*, was es im Griechischen tatsächlich ist) und zur Hauptsache und sprechen andere hauptsächlich für *schuldig*, weil *wir* uns betroffen und beleidigt fühlen.

Anderseits verbinden wir mit dem ›Vergeben‹ sehr viel Emotion und erleben den Zwiespalt, dass wir über manches gefühlsmäßig nur schwer oder gar nicht hinwegkommen und geben dann das Verzeihen vielleicht überhaupt auf. Doch auch das ›Erlassen‹ empfinden wir nicht unbedingt als befreiend, weil wir damit leicht die Vorstellung verbinden, dass die roten Zahlen weiter angeschrieben bleiben, sie nur im Augenblick nicht eingefordert werden, womit aber der Konflikt nicht wirklich bereinigt ist.

Im Griechischen klingt die Sache weniger komplex, denn das Allerweltswort *aphíēmi* meint ›loslassen, auslassen, wegschicken, entlassen‹, und ist auch *der* Begriff für die Ehescheidung. Im Kontext des Gebetes meint das Wort am ehesten, dass wir das Negative wirklich auslassen, aus der Hand geben und diese Entscheidung auch bewusst und gewissermaßen (rechts)verbindlich setzen. Dabei liegt das eigentliche Problem gar nicht auf Seiten

Gottes. Er braucht uns schon deswegen nicht zu vergeben, weil er uns nie angeklagt hat.

Allerdings ist es meist ein ziemlich langer Weg, diesbezüglich eine Unterscheidung der Geister zu lernen und sie auch gefühlsmäßig anzunehmen. Doch Religion meint nicht, dass wir aus schlechtem Gewissen Gott gegenüber möglichst viele Frömmigkeits- und Bußübungen absolvieren, sondern sie beginnt dort, wo ein Bewusstsein dafür erwacht, dass die Quelle allen Seins nicht unser ins Unendliche projiziertes garstiges Über-Ich sein kann. Erst dann kann so etwas wie Erlösung oder Menschwerdung in uns beginnen, eine wahre Wiedergeburt bzw. Auferstehung stattfinden.

Wenn Paulus diesen Quantensprung einer Gottes- und Selbsterkenntnis reflektiert, spricht er von der *totalen Veränderung* (*kat-allagḗ*) bzw. von *total verändern* (*kat-allássō*), wobei die Vorsilbe die Bedeutung des Verbs als ›ändern, anders machen‹ noch verstärkt (s. 32). Das einzige Beispiel, das ihm aus dem Alltag dazu einfällt, ist die Sanierung einer zerrütteten Ehe (1 Kor 7,11). Wenn Paulus jedoch damit die Gottesbeziehung anspricht, denken wir sofort »Versöhnung und Sühne«, was nicht nur sprachlich verfehlt ist, sondern uns auch nie wirklich beruhigen kann, weil die damit verbundenen Schuld- und Opferphantasien jedes Gottvertrauen paralysieren.

Für Paulus selbst stellt sich die Sache überzeugend so dar, dass Gott nicht *anrechnet, was daneben fällt,* weil es nicht seiner Logik, seinem Denken entspricht (2 Kor 5,19). Schon die Art und Weise, wie er dabei vom Negativen und Belastenden spricht, ist äußerst zurückhaltend, was übrigens auch in den Nachbemerkungen zum Vaterunser der Fall ist (Mt 6,14f). Dabei geht es nicht mehr um die *Schulden* oder *Sünden*, von denen noch das Vaterunser sprach, sondern um die unvermeidlichen Fehlwürfe im Leben, mit denen wir Nachsicht üben sollen. Wir lernen auch das Gehen nicht ohne hinzufallen und testen unseren Lebensweg mittels Versuch und Irrtum aus. Doch wenn wir uns mit dem, »was daneben fällt« abfinden oder sogar anfreunden, entlastet das nicht nur unsere Schuldgefühle, sondern reduziert auch das subjektive Ausmaß der sonst als ungeheuer empfundenen Kränkungen (s. 8).

Zudem dreht Paulus die ganze Denkrichtung radikal um. Er sagt nicht: Bittet Gott um Vergebung, sondern söhnt *ihr* euch mit ihm aus, versöhnt euch, lasst euch versöhnen, indem ihr euer Denken über ihn *total verändert* (2 Kor 5,20). Wir haben also keinen zornigen in einen gnädigen Gott umzustimmen, sondern dankbar zur Kenntnis zu nehmen, dass er uns so sein lässt, wie wir sind. Der jesuanische Vater, der seinen Kindern beim Spielen (und gelegentlichem Zanken) zuschaut, ist das absolute Gegenteil von dem, vor dessen »Majestät im Staub die Christenschar« liegt, die ihn aber im tiefsten Inneren auch dafür hasst, weil er unser Leben ständig belauert, behindert und bestraft.

Dieser Gotteshass ist meist verdrängt und unbewusst, aber deswegen nicht minder wirksam. Er äußert sich nicht nur im religiösen Fanatismus, der sich im Namen

Gottes »gegen die anderen«, »die Ungläubigen« usw. wendet, er zerstört auch das eigene Leben und die Gesundheit. Unter diesen düsteren Vorzeichen ist es in der Tat eine unbeschreibliche Erleuchtung und Erleichterung, wenn uns plötzlich ein Licht aufgeht, dass dieses Schreckensbild mit Gott absolut nichts zu tun haben kann, sondern unsere eigene Erfindung ist. Genau das ist auch die Aufgabe des apostolischen und kirchlichen Dienstes: aller Welt diesen menschenfreundlichen Gott Jesu immer wieder geduldig nahezubringen, um wirklich Einsicht und Veränderung zu ermöglichen (s. 30). Doch gerade in dieser Hinsicht scheint der Gott Jesu auch nach 2000 Jahren Christentum oft noch ein ziemlich unbekannter Gott geblieben zu sein.

Dabei sucht Paulus immer wieder bewusst zu machen, dass die freie göttliche Zuwendung nicht durch Eigenleistung (»Werke«) verdienbar, sondern reine Gnade ist. Wenn er dabei einzig auf den Glauben setzt, dann ist dies auch nicht unbedingt unser Glaube *an* Jesus (als neues »Werk«), sondern einzig und allein der Glaube *Jesu Christi* (Gal 2,16), sein Gottvertrauen, das er gelebt und mit dem Kreuz vor aller Welt besiegelt hat (s. 19). Mit diesem jesuanischen Glauben können auch wir unser Leben einigermaßen beruhigt bestehen. Unser Handeln bzw. Nichthandeln wird damit noch lange nicht gleichgültig. Denn wir bleiben voll in der Verantwortung, unser Leben bestmöglich zu gestalten, mit allen Folgen, so oder so. Nur befreit uns das Gottvertrauen Jesu von der Furcht und dem Zwang, immer alles richtig machen zu müssen, was wohl das größte Hemmnis für gute und mutige Lebensentscheidungen darstellt. Außerdem: Gott lässt sich nicht manipulieren. *Er bleibt* sich und seinem Wesen *treu, auch wenn wir untreu sind, denn er kann sich selbst nicht verneinen* (2 Tim 2,13). Das sollte uns genügen.

Die offizielle Kirchensprache tut sich jedoch ziemlich schwer mit dieser unverdienten Gnade, die nicht ständig neu zu erbitten ist. Aber das dahinter stehende Gottesbild vermag auch nicht mehr zu überzeugen. So ist es kaum noch nachvollziehbar, dass im Gottesdienst nach dem Vaterunser mit seiner Vergebungsbitte und kurz vor der Kommunion noch zweimal das Stichwort »Gotteslamm« (Joh 1,29) laut wird. Das erste Mal mit: »Lamm Gottes, du nimmst hinweg *die Sünden* der Welt«, das zweite Mal: »Seht das Lamm Gottes, das hinwegnimmt *die Sünde* der Welt«, während der biblische Text davon spricht, dass Jesus die Last der Sünde *aufhebt* (*aírei*), also erleichtert. Doch die deutsche Übersetzung folgt Hieronymus, dessen *qui tollit peccatum* … die (völlige) Hinwegnahme der Sünde zu versprechen scheint.

Damit wird ein neues Problem geschaffen, denn diese Sünden sind auch nach dem Gotteslamm augenscheinlich immer noch da. Und *die Sünde* ist es erst recht. Denn sie ist jene mythologische Größe, die menschliche Sünden ebenso zusammenfasst wie *der Tod* das allgemeine Sterben. Doch geht es nicht um eine göttliche Schuldverrechnung mit anschließender Generalamnestie infolge des jesuanischen Sühneleidens, sondern darum, dass Jesus mit seinem Gottesbild so viel Raum für uns schafft, dass wir uns nicht mehr andauernd verkrümmen oder demütigen müssen, sondern auch mit unserer Schuld noch einigermaßen aufrecht und aufrichtig vor Gott stehen dürfen. Auch das meint Auferstehung!

So jedenfalls sieht es der nachpaulinische Kolosserbrief:

> *Ihr wart tot ›in dem, was daneben fällt‹ und in der ›Unbeschnittenheit‹ des Fleisches [also Heiden], aber Gott hat euch mit Christus mitlebendig gemacht und ›alles, was daneben fällt‹, geschenkt, indem er den mit den ›Dogmen‹ gegen uns handgeschriebenen Schuldschein, der gegen uns war, ausgelöscht und aufgehoben hat aus der Mitte und ihn ans Kreuz nagelte.* (Kol 2,13f)

Die Entsorgung unserer eigenhändigen Schuldverschreibung ist also doppelt und dreifach abgesichert: Wir haben uns mit unseren Meinungen (sie werden nicht umsonst ›Dogmen‹ genannt) ständig beschuldigt und tödlich gelähmt. Doch dieses verhängnisvolle Schriftstück wurde ausgelöscht, aufgehoben aus unserer Mitte und ans Kreuz genagelt. Keine Rede davon, dass irgendjemand dafür Strafen abbezahlt hätte, oder dass es jemals noch eingelöst werden könnte, denn es steht absolut nichts mehr darauf und außerdem bleibt es am Kreuz fixiert.

Der Epheserbrief geht noch einen Schritt weiter und sieht in Jesus die gegenseitige Ab- und Ausgrenzung zwischen (gläubigen) Juden und den (als ungläubig eingeschätzten) »Völkern« (sprich: Heiden) aufgehoben. Er feiert Jesus als

> *unseren Frieden,* der *die zwei* [Juden und Heiden] *eins gemacht und die Zwischenwand des Zaunes gelöst hat … Und er kam und verkündete Frieden, uns den Fernen* [den Heidenchristinnen und -christen] *und Friede den Nahen* [Juden und Judenchristen]. *Denn durch ihn haben wir beide in einem Geist Zugang zum Vater.* (Eph 2,14–18)

Das Kreuz Jesu bringt die Gottesfrage zur Ruhe, wenn wir den damit ausgerufenen Frieden Gottes mit den Menschen wirklich erkennen und annehmen. Das bedeutet, dass nicht mehr unsere erbrachten oder zu erbringenden Leistungen für die freie göttliche Zuwendung ausschlaggebend sein können. Religiöse Vorschriften können daher auch Menschen nicht mehr trennen, zu wechselseitigen Feinden im Namen Gottes machen, denn Jesus *hat die Feindschaft* in seinem Tod *getötet.* Jetzt ist ein *neues Menschsein* angesagt, womit *beide* (Juden und Heiden), und somit alle Völker und Religionen *in einem Geist Zugang zum Vater* haben. Eine solche Gottesverehrung *in Geist und Wahrheit* (Joh 4,23f) macht jede Konkurrenz und Feindschaft im Namen Gottes zwischen Menschen und Religionen unmöglich.

Und wie ist das mit unserer Vergebung gemeint? Matthäus greift im 18. Kapitel, das Wolfgang Trilling (von dem auch die Bibelleseordnung im Gottesdienst stammt)

»Hausordnung Gottes« nannte (Hausordnung Gottes. Eine Auslegung von Matthäus 18, 1960) das Thema erneut auf und lässt Jesus folgendes Prozedere im Konfliktfall empfehlen:

> *Wenn dein Geschwister* [*auf dich hin*] *sündigt, geh weg, weise es zurecht/klage es an* [bzw. leg alles auf den Tisch: *elénchō*] *zwischen dir und ihm allein.*

Wobei diese geschwisterliche Aussprache unter vier Augen gründlich angelegt sein muss, damit klare Verhältnisse geschaffen werden.

> *Wenn es hört, hast du dein Geschwister ›gewonnen‹.* (Mt 18,15)

Das bedeutet, dass ein so bestandener Konflikt nicht nur den früheren Status quo wiederherstellt, sondern Beziehungsgewinn auf beiden Seiten schafft. Wenn nicht, besteht die zweite Instanz in der Beiziehung von *zwei oder drei Zeugen* (ein Beweismittel im Kapitalprozess nach Dtn 19,15, das den Indizienbeweis bzw. die Aussage eines einzelnen Belastungszeugen durch doppelte und dreifache Wahrhaftigkeit absichert). Die dritte Instanz ruft die Kirchenversammlung (*ekklēsía*) an, die definitive Lösungen schafft, entweder versöhnt vereint oder bleibend getrennt. Und wenig später fragt Petrus:

> *Wie oft wird mein Geschwister auf mich hin sündigen und ich werde ihm vergeben? Bis siebenmal? Sagt ihm Jesus: Nicht sage ich dir bis siebenmal, sondern bis siebenundsiebzig Mal.* (Mt 18,21f)

Damit wird *Lamechs* Drohung mit unendlicher Rache (Gen 4,24) durch grenzenloses Verzeihen aufgehoben.

In der Parallele bei Lukas heißt es dazu:

> *Wenn dein Geschwister sündigt, schilt es [epitimáō], und wenn es umdenkt, vergib ihm. Und wenn es siebenmal des Tages auf dich hin sündigt und siebenmal sich umwendet zu dir sagend: Ich denke um, wirst du ihm vergeben.* (Lk 17,4)

Auch diese Version schont den Kontrahenten, die Kontrahentin nicht, sondern zeigt starke Emotion (auch Petrus und Jesus schenken einander nichts: Mk 8,32f). Sie weist ebenso darauf hin, dass die Vergebungsbereitschaft so etwas wie die Einsicht des Gegenübers braucht, um realisiert werden zu können, weil sie sonst leicht zu respektlosem Umgang miteinander führen würde.

Doch wie unterschiedlich das Ganze gesehen und bewertet wird, zeigt sich schon in den einzelnen Sprachen und den dahinter stehenden Weltanschauungen: Das Hebräische redet von ›*umkehren*‹ (*schub*), also von einer existentiellen Kehrtwende, das Griechische vom ›*umdenken*‹ (*metanoeín*), einem intellektuellen Gesinnungswandel, das Deutsche hingegen von ›bereuen‹ und ›*büßen*‹, was alt- und mittelhochdeutsch noch ›(ver)bessern, wieder gut machen‹ meint, jedoch oft als reiner Masochismus praktiziert wurde.

Wie immer auch die Konsequenzen gesehen werden, unsere Vergebungsbereitschaft ist und bleibt ein unverzichtbares Thema jesuanischer Spiritualität. Sie ist unumgänglich für die Gestaltung eines glücklichen Lebens, was leider vielen Menschen überhaupt nicht bewusst zu sein scheint. Dabei wird viel davon abhängen, ob auch wir selbst *über die Zeiten der Unwissenheit hinwegsehen* können (vgl. Apg 17,30) und so das Umdenken vom Über-Ich-Gott zum gütigen Vater Jesu ohne Selbstvorwürfe und -verurteilungen schaffen. Dann werden wir uns und anderen leichter vergeben, alles Belastende im Leben wirklich loslassen und es nicht mehr den anderen »nach-tragen«, sondern Gott dem Vater/der ewigen Mutter volles Vertrauen, sprich: Glauben schenken.

12

Hat Jesus geliebt?

Das Thema ist eine beliebte Projektionsfläche, zugleich aber auch ziemlich glattes Parkett. Denn auf ihm tummeln sich unterschiedlichste Wünsche, Vorstellungen und Frustrationen über Jesus und unser eigenes Menschsein, bzw. möchten Glaubensvorgaben von vornherein klare Grenzen zwischen uns ziehen. So möchte das Dogma der »unbefleckt«, also ohne Erbsünde empfangenen Maria Jesus besondere Bedingungen schon seitens der Großeltern zusichern (eine Verbindungslinie, die angesichts heutigen genetischen Wissens nicht verfehlt ist), enthält ihm aber durch die immerwährende Jungfrau und Mutter Maria den biologischen Vater vor und tabuisiert so das Thema der Erotik und Sexualität, die wesentlich zum Menschsein dazugehören.

Dazu muss allerdings auch die Bibel etwas manipuliert werden: Denn obwohl die Übersetzung des Ersten Testaments sonst konsequent dem hebräischen Text folgt, wird die im Advent viel gelesene Stelle Jesaja 7,14 von der EÜ und der Lutherbibel (nicht jedoch von der

Zürcher Bibel) nach der griechischen Version nachgeschärft. Dort wird die *junge Frau* (*almá*) des hebräischen Textes als *Jungfrau* (griech. *parthénos*) gedeutet, und so liest die EÜ: »Siehe, die Jungfrau hat empfangen, sie gebiert einen Sohn und wird ihm den Namen Immanuel geben.« Nur eine Anmerkung weist verstohlen darauf hin, dass das dahinterstehende hebräische Wort eigentlich ›junge Frau‹ bedeutet.

Matthäus hat den Text griechisch gelesen und zitiert, und hier übersetzt die EÜ auch zu Recht: »Siehe: Die Jungfrau wird empfangen / und einen Sohn gebären / und sie werden ihm den Namen Immanuel geben ... » (Mt 1,23). Die Lutherbibel: »Siehe, eine Jungfrau wird schwanger sein ...«. Doch an eine biologische Jungfrauengeburt hat dabei niemand gedacht, denn auch die griechischen Übersetzer wussten, dass von der jungen heimgeführten Königsbraut und einem neuen Hoffnungsträger für Israel die Rede ist. Auch Matthäus hat aus seinem Zitat in der Kindheitsgeschichte keine weiteren Schlüsse gezogen, denn er spricht später ganz unbefangen und sogar namentlich (wie übrigens auch Mk 6,3) von *seinen* (sc. Jesu) *Brüdern: Jakobus, Josef, Simon und Judas* und *allen seinen Schwestern* (Mt 13,55f). Nur das katholische Lehramt weigert sich standhaft, darin leibliche Geschwister zu erkennen und bedroht Bibelwissenschaftler, die den Text wörtlich nehmen, mit dem Entzug der Lehrerlaubnis, obwohl auch die Autorität des *Herrenbruder*(s) *Jakobus* (Gal 1,19) eine nahe Verwandtschaft mit Jesus voraussetzt, um sogar Petrus aushebeln zu können.

Was jedoch in der ganzen Diskussion nicht beachtet wird: Das heftig umstrittene Jungfernhäutchen (Hymen) ist zur Entstehungszeit des Matthäusevangeliums noch nicht im allgemeinen kulturellen Bewusstsein verankert. Wie sollte es auch ohne Entblößung der weiblichen Scham? Sogar Soranos von Ephesus, *der* Gynäkologe des Altertums, kennt und nennt es in der ersten Hälfte des 2. Jahrhunderts n. Chr. noch nicht. Für uns schwer nachvollziehbar, zumal das in der Hochzeitsnacht vorzuweisende Blut im Orient (bis heute) eine wichtige Rolle spielt und eine Nichterbringung unter Umständen die Braut sogar das Leben kosten kann.

Doch ist es keineswegs verwunderlich, wenn auch der alte Text, den Paulus im Galaterbrief zitiert, keine Jungfrauengeburt erwähnt:

> *Als aber die Fülle der Zeit* [chrónos] *kam,*
> *sandte Gott aus seinen Sohn,*
> *geworden aus einer Frau,*
> *geworden unter das Gesetz* ... (Gal 4,4)

Auch der Johannesprolog gibt keine biologisch-anatomische Deutung der göttlichen (jungfräulichen) Geburt vor, wenn er nicht nur vom fleischgewordenen Wort, sondern von allen *an seinen Namen Glaubenden* die Gotteskindschaft so deutet:

> *die nicht aus Bluten* [Plural], *und nicht aus dem Wollen des Fleisches,*

und nicht aus dem Wollen des Mannes,
sondern aus Gott gezeugt/geboren wurden. (Joh 1,12f)

Die Gotteskindschaft ist immer noch etwas anderes als die Biologie, letztere schließt erstere jedoch nicht aus. Dass vom Blut im Plural gesprochen wird ist nur konsequent, denn auch uns ist das weibliche Ei erst knapp 200 Jahre bekannt, was eine ganz andere Einschätzung der Lebensweitergabe mit sich bringt.

Erst gegen Mitte des 2. Jahrhunderts bestätigt eine erfahrene hebräische Hebamme im Protoevangelium des Jakobus auf Abstand, dass dies keine gewöhnliche Geburt gewesen sei, sondern Jesus aus dem Licht heraus geboren wurde, während Salome, der sie davon erzählt, wie der ungläubige Thomas das Mysterium mit den Fingern bestätigt wissen möchte. Maria wäre zur Demonstration auch bereit, aber die plötzlich verdorrte Hand Salomes belehrt diese eines Besseren und sie wird reuig wieder heil. Auch das Problem mit den Geschwistern Jesu löst diese apokryphe Schrift elegant damit, dass der verwitwete Josef sie aus erster Ehe mitbrachte, also Maria ihre Stief-, und nicht die leibliche Mutter sei.

Das alles ist Erzählkunst auf hohem Niveau, aber ohne historischen Wert (doch hat die Volksfrömmigkeit daraus gerne die Namen der Großeltern Joachim und Anna entnommen). Wir können aus dem allgemeinen kulturellen Umfeld nur einige vorsichtige Schlüsse ziehen. Dabei zeigt sich, dass das Judentum von seiner Kultur und Religion her ein besonderes Verhältnis zur Sexualität hat und diese ausschließlich innerhalb der Ehe zu leben sucht. Also werden jüdische Knaben möglichst früh verheiratet. Das bedingt bisweilen auch heute in orthodoxen Kreisen, dass die Großeltern ihre noch nicht berufstätigen Kinder samt Enkelkindern erhalten. Auch für die Mädchen ergab sich die Notwendigkeit einer möglichst frühen Ehe (schon ab 12 Jahren) dadurch, dass die damals kurze Lebenserwartung bezüglich der Reproduktion und Aufzucht der Nachkommenschaft Druck verursachte (die Evolution hat die optimale biologische Mutterschaft immer noch unter 20 Jahren einprogrammiert, obwohl unsere sozialen Verhältnisse sich meist weit davon entfernt haben).

Unter diesen Prämissen ist es also wahrscheinlich, dass eine Frühehe auch vom jungen Jesus erwartet wurde. Man musste schon ein Wüstenprophet sein oder einen körperlichen Defekt bzw. eine (verbotene) Verstümmelung nachweisen, um nicht diesen Erwartungen entsprechen zu müssen. Zudem wurde die Ehepflicht vom römischen Recht noch verschärft, indem es Kinderlosigkeit mit Benachteiligungen im Erbrecht sanktionierte. Ob Jesus sich diesem massiven Druck schon in jungen Jahren entziehen konnte, wissen wir nicht. Es setzt ja eine weitgehende persönliche Entwicklung voraus, sich von gesellschaftlichen Konventionen und religiösen Zwängen emanzipieren zu können. Zölibatär sollten wir Jesus nicht nennen, weil dieser Begriff zu sehr belastet ist, und 30 Jahre seines Lebens wissen wir ohnehin so gut wie nichts über ihn. Umgekehrt möchte eine ausufernde Gegenliteratur ihm unbedingt eine Affäre oder Ehe mit Maria Magdalena und möglichst blaublütige Nachkommen nachsagen: Dichtung macht's möglich.

Wir haben keine Fakten, maximal zarte Winke, und müssen oder dürfen die Wirklichkeit selbst vorsichtig erschließen, denn nur das bringt auch uns einigen Nutzen. Das Johannesevangelium bietet einige Hinweise. Viermal spricht es vom *Jünger, den Jesus liebte* (Joh 13,23; 19,26; 21,7.20), sowie er auch *die Marta liebte und ihre Schwester und den Lazarus*, an dessen Grab er so erschüttert ist, dass er *weint*, was als Ausdruck seiner Liebe gewertet wird (Joh 11,5.33–36). Aber der erstgenannte Lieblingsjünger gilt heute nicht mehr unbedingt als der junge Johannes und spätere Autor des nach ihm benannten Evangeliums, sondern eher als Idealgestalt eines Jüngers schlechthin. Auch ist die Liebe Jesu zu den vier Genannten nicht die Ausnahme, sondern die Regel, die logische Folge seiner Gottesliebe, die keine Grenzen kennt. Jesus fühlt sich mit dem Vater eins und seine Liebe strahlt auf alle Jünger und Jüngerinnen aus (Joh 15,9), und nicht nur auf diese.

Besonders die Fußwaschung, die nur Johannes berichtet, wird damit eröffnet, dass er *die Seinen in der Welt bis zum Ende/zur Vollendung hin liebte*. Die Stunde des Abschieds ist auch die Stunde der Wahrheit, gerade in Beziehungen. Für Jesus ist der Tod nicht das Ende, sondern der Übergang *aus dieser Welt zum Vater* (Joh 13,1), und auf diesem Weg möchte er uns vorausgehen. Seine Liebe hat also einen viel umfassenderen Horizont und sollte nicht nur auf seine Sexualität reduziert werden. Anderseits: ein Tabu war sie für ihn keineswegs, wie sein *erstes Zeichen* auf der *Hochzeit zu Kana* zeigt, wo er mit dem *guten Wein* anstelle des üblichen Reinigungswassers eine hohe Wertschätzung lustvoller Geschlechtlichkeit bezeichnet (s. 16).

Die *Agápe,* womit das Neue Testament zusammen mit der griechischen Literatur die höchste Form der Liebe auszeichnet, meint in ihrer ursprünglichen Bedeutung die Gastfreundschaft. Diese gastfreundlich-intime Liebe (man liegt beim Essen zu Tisch und hat auch mehr Körperkontakt als heute) ist viel weiter und weitherziger als die sexuelle, die nicht grenzenlos sein kann, ohne auch zu verletzen. Umgekehrt ist es auch nicht so, dass Jesus schon in allem so »vollkommen« wäre, dass er nicht noch lernen könnte.

Die Syrophönizierin, die ihn um die Heilung ihrer Tochter bittet und die er zuerst abweist, erspart ihm nicht die Konfrontation (Mk 7,26–30). Jesus akzeptiert, ohne sich als Macho gekränkt zu fühlen. Er sieht ein, dass seine Sendung nicht Israel allein gelten kann und handelt entsprechend; er muss dieser mutigen Frau, von der er so viel lernen durfte, immens dankbar gewesen sein, liebende Gefühle für sie entwickelt haben. Von den vielen sonstigen Begegnungen, die in seiner zahlreichen Frauenbegleitung alltäglich gewesen sein müssen, hören wir nicht ausdrücklich. Aber es ist gewiss nicht so, dass sie für ihn und seine Gefolgschaft nur das Geld zur Verfügung gestellt hätten (s. 13). Denn dann würde Wesentliches aus dem Zusammenleben völlig verleugnet, also gelogen. Außerdem war Jesus nicht, wie lange geglaubt, der Dorfschreiner, sondern konnte sich nach zwei Jahrzehnten verantwortlicher Tätigkeit in der Bauhochkonjunktur – die nahe gelegene Hauptstadt Sepphoris wurde gerade wieder aufgebaut – ein »Sabbátical« wohl auch selbst finanzieren.

Hinweise auf das Gefühlsleben Jesu finden sich allenthalben in den Evangelien. Da haben manchmal eher die Übersetzungen ihr Problem, weil sie so starke Gemütsregungen nicht wahrhaben wollen, wenn Jesus deutlich seinem Ärger auch gegenüber Petrus und den Jüngern Luft macht (Mk 8,32f; 10,14: die EÜ belässt es im ersten Fall bei einem »Zurechtweisen«). Aber auch seine positiven Gefühle können verunsichern. Da fragt ein Mann Jesus nach dem Weg zum Leben und beteuert seine Befolgung der göttlichen Weisungen *von Jugend an.* Und *Jesus schaute ihn an und gewann ihn lieb,* und wollte ihn zu Nachfolge und Besitzverzicht einladen. Doch dieser *ging betrübt weg, weil er viel Besitz hatte* (Mk 10,21f).

Diese Liebe auf den ersten Blick endet für beide frustrierend, und Jesus drückt dies mit orientalischer Rhetorik auch entsprechend aus: *Kamel* und *Nadelöhr,* das geht nicht zusammen. Jedoch: es ist eine grobe Verallgemeinerung, die damit den Reichen widerfährt, aber eine solche Strategie, die eigenen Enttäuschungen mit Hilfe von Pauschalurteilen möglichst abzumildern, dürfte auch uns geläufig sein: »So sind sie eben, die Frauen/Männer usw.« Matthäus wiederum, der dieselbe Geschichte von einem

Jüngling erzählt (Mt 19,20), vermeidet jeden Hinweis auf die bei Markus gelesenen Liebesgefühle Jesu, vielleicht auch deswegen, weil er Anklänge an die Homoerotik in griechischen Philosophenschulen vermeiden wollte.

Auch der Umgang mit den Kindern, fremden noch dazu, gehört zu unserem Themenkreis. Da stoppt Jesus den Streit der Jünger und Jüngerinnen über ihre Rangordnung damit, dass *er ein Kind* (die verwendete Verkleinerungsform *paidíon* drückt liebevolle Nähe aus) *nahm, es in ihre Mitte stellte und in die Arme schloss/umarmte* und sich mit ihm identifizierte (Mk 9,36f). Die Szene ist geradezu ein Testfall seiner Liebesfähigkeit. Denn Kinder brauchen und spüren die Liebe vor allem in der körperlichen Zuwendung, und offensichtlich ist Jesus auch in der Lage, ihre Würde und Integrität so zu achten, dass keine Missverständnisse aufkommen. Sonst wäre der Missbrauch in erschreckende Nähe gerückt.

Wenig später taucht das Thema nochmals auf: Da werden Kinder zu Jesus hingebracht,

> *damit er sie berühre,* wobei *die Jünger* [*Jüngerinnen?*] *scheltend* reagieren. Und auch Jesus *wurde unwillig und sagte ihnen: Lasst die* [*kleinen*] *Kinder zu mir kommen, hindert sie nicht, denn ihrer ist die Königsherrschaft Gottes … Und er schloss sie in die Arme/umarmte sie, legte ihnen die Hände auf und segnete sie* [*ganz/total*]. (Mk 10,13–16)

Dabei ist seine Handauflegung mehr als eine liebevoll-therapeutische Geste, denn sie gilt nicht umsonst auch als Ritus einer formellen Ordination. Eine solche sollte gerade bei den Kindern und Frauen, die Jesus berührt, nie ausgeschlossen werden.

Auch ein Rückblick auf die Heilung der blutenden Frau ist in diesem Zusammenhang aufschlussreich. Denn diese seit *zwölf Jahren* leidende Frau berührt Jesus im Schutz der Menge *von hinten* am *Saum seines Gewandes,* und auch er *spürt die von ihm ausgehende Kraft* (Mk 5,25–34). Doch was bringt diese Frau dazu, nach den vielen Verletzungen und Enttäuschungen, die sie von Männern und kostspieligen, das Problem verschlimmernden Ärzten erfahren hat, sich an Jesus zu wenden und die körperliche Berührung mit ihm zu suchen? Es muss also etwas an Jesus gewesen sein, was nicht nur diese Frau, die Frau überhaupt, sicher machte, dass sie von ihm nicht ausgenützt wird, sondern dass in dieser (und vom semitischen Hintergrund wie dem »Berühren des Gewandsaumes« auch deutlich erotischen) Begegnung Heilung geschehen darf. Auf der einen Seite steht der Glaube dieser Frau, auf der anderen Seite die furchtlose Liebe des Mannes Jesus, die in diese heilsame Interaktion eintritt. Dass er sie abschließend als *Tochter* entlässt, zeigt die auf beiden Seiten gewonnene familiäre Nähe. Das heilt.

Und Paulus? War er verheiratet? – Wenn er eine rabbinische Ausbildung hatte, dann fast mit Sicherheit ja. Aber auch seine Texte lassen Bedenken aufkommen, ob er wirklich so zölibatär gelebt hat wie gemeinhin angenommen. Denn dass er bezüglich der Trennung einer

Mischehe eine so entspannte Lösung vorschlagen kann (1 Kor 7,15f), ist eigentlich ohne entsprechende eigene Betroffenheit kaum vorstellbar. Dies würde bedeuten, dass er schon in früher Jugend verheiratet wurde, aber seine Frau die Hinwendung zur Jesusbewegung nicht mitmachen konnte und er sie friedlich ziehen ließ, woraus das Kirchenrecht das *Privilegium Paulinum* ableitete, ohne die Freiheit zu begreifen, die Paulus damit auch im Umgang mit der jesuanischen Ehe-Weisung an den Tag legt. Auch seine hohe Auffassung von ehelicher Partnerschaft (1 Kor 7,1–7) spricht für Kompetenz durch Erfahrung und widerspricht vehement dem gängigen Klischee, das ihn als misogyn diffamieren möchte.

Dennoch: Zum Zeitpunkt der Abfassung des 1. Korintherbriefes war er ohne Frau und wohl auch formell unverheiratet unterwegs (1 Kor 7; 9,5f). Anderseits wurde seine Bitte um friedfertige Intervention an Unbekannt (Phil 4,3) von den griechischen Kirchenvätern (Klemens von Alexandrien, Origenes u. a.) ganz selbstverständlich als an seine Ehefrau gerichtet verstanden. Mit gutem Grund, denn der/die mit *gnēsios sýzygos* Angesprochene ist *legitimer/ehelicher Gefährte,* egal ob männlich oder weiblich und bedeutet: »der oder die unter demselben Joch«, ist also gängiger Ausdruck für Ehepartner. Anderes konnten gerade die frühen griechischen Exegeten sich nicht vorstellen. Denn dass hier aus irgendwelchen Gründen ausgerechnet der Name eines engsten paulinischen Mitarbeiters oder einer Mitarbeiterin ausgefallen sei, kann den Text wohl auch nicht zufriedenstellend erklären.

Fazit: Beide, Jesus und Paulus, haben die Konventionen ihrer Zeit wenn nicht schon immer, so doch in markanten Lebensabschnitten deutlich überholt, und sie sollten von uns nicht nachträglich wieder in irgendein Korsett gezwängt werden – weder in das des Zölibats, noch der (gut)bürgerlichen Normalität. Aber wir sollten auch nicht zu sehr in ihrer Intimsphäre herumwühlen. Denn wir müssen und können nicht alles wissen. Aber wir sollten in der Auseinandersetzung mit den Texten unsere eigenen Möglichkeiten der Liebe besser erkunden und leben lernen, auch wenn die Bibel hinsichtlich der Zahl der Geschlechter und ihrem Umgang miteinander noch längst nicht auf dem Stand unserer Zeit ist.

Grund genug für uns, dem eigenen Gewissen mehr zu vertrauen als den biblischen Texten bzw. ihrer kirchlichen Nachbereitung. Das gilt vor allem in Sachen der (geschlechtlichen) Liebe. Aber Jesus war diesbezüglich gewiss nicht so ängstlich wie die spätere Tradition. Wir sollten uns also im Zweifelsfall lieber an ihn halten und aus Scheidung, Wiederverheiratung oder gleichgeschlechtlicher Partnerschaft nicht auch noch kirchliche Streitthemen machen oder irgendwelche Begnadigungsansuchen stellen, die nur fremde Machtansprüche bedienen, aber kaum Menschen jemals helfen (s. 28).

13

Heile Frauen?

Die Stammfamilie Jesu im kleinen Nazaret war zu Beginn seines öffentlichen Wirkens kaum seiner Meinung (Mk 3,21; Lk 4,24), und so wurde Kafarnaum am See Gennesaret zu seiner neuen Wahlheimat. Das beginnt mit jener Heilungsgeschichte, die im Anschluss an die Premiere in der Synagoge gleich zu Beginn des Markusevangeliums erzählt wird. Sie ist von besonderer Bedeutung, als sie der Schwiegermutter des Petrus gilt – mit weitreichenden Konsequenzen. Doch in der EÜ von 1980 las sich die Geschichte noch ziemlich belanglos: »und er ging zu ihr, fasste sie an der Hand und richtete sie auf. Da wich das Fieber von ihr, und sie sorgte für sie« (Mk 1,31).

In der EÜ-Revision 2016 heißt es jetzt am Schluss: »und sie diente ihnen«. Das ist ein Fortschritt, denn die Übersetzer (es waren sämtlich Männer, überwiegend zölibatäre Professoren) konnten sich dabei nur subalterne Hausarbeit vorstellen und sprachen das auch unverblümt aus. Die Revision kommt mit dem ›Dienen‹ der Sache schon bedeutend näher, die eigentliche Pointe wird aber dennoch nicht sichtbar, denn es handelt sich genau um jene Tätigkeit, mit der auch Jesus sich selbst beschreibt: *Ich bin nicht gekommen bedient zu werden, sondern zu dienen* (Mk 10,45).

Es geht also in unserer Geschichte um einiges mehr als »nur« um eine körperliche Heilung und die anschließende Bescheinigung der Arbeitsfähigkeit im Haushalt. Denn gerade am Anfang des öffentlichen Wirkens Jesu ist eher die Berufung das Thema. Die Schwiegermutter des *Simon*, der erst in der Liste der *Zwölf* mit seinem von Jesus gegebenen Beinamen *Petrus* genannt wird (Mk 3,16), *lag fiebernd total danieder.* Die schon berufenen Jünger erzählten es Jesus; der kam hinzu, *ergriff die Hand, auferweckte sie und das Fieber verließ sie.*

Die Geschichte wird hochaktuell, wenn wir die vielen in der Kirche daniederliegenden Frauen sehen, die fiebernd darauf warten, endlich ihre Würde und Verantwortung wahrzunehmen, und die mit merkwürdigsten Ansagen abgewiesen werden, ganz nach dem Motto, Jesus hätte nur Männer als Apostel berufen, daher könne die Kirche gar nicht anders als auf ewig nur (zölibatäre?) Männer zum Priesteramt zuzulassen.

Doch Jesus hat die fiebernde Schwiegermutter nicht nur aufgerichtet, er hat sie ›*auferweckt*‹. Dabei wird exakt dasselbe Wort verwendet wie von der *Auferweckung* Jesu (Mk 16,6). Denn der Zustand, in dem sich die fiebernde Schwiegermutter und alle unter der (auch kirchlichen) Geschlechterungleichheit leidenden Frauen befinden, ist nichts anderes als ein sozialer und menschlicher Tod, den wir ihnen immer noch und sogar im Namen Jesu zumuten.

Dagegen ist die Handreichung Jesu von unglaublicher Macht und Konsequenz, denn mit ihrer Auferweckung verlässt sie das Fieber und sie übernimmt ihre angestammte Funktion im Haus, das auch Jesus gastfreundlich aufnimmt, und zu seinem neuen »Zuhause« wird. In heutige Kirchensprache übersetzt würde das heißen: Sie übernimmt die »Leitung« ihrer Hauskirche, denn es ist höchstwahrscheinlich ihr Haus, nicht das *Haus des* Geschwisterpaares *Simon und Andreas,* wie uns das älteste Evangelium erzählt (Mk 1,29), während es Matthäus und Lukas zum *Haus des Simon* allein erklären. Die beiden Brüder stammen (wie *Natanaël*) aus dem eine gute Gehstunde entfernten *Betsaída* (Joh 1,44) am Einfluss des Jordan in den See Gennesaret und haben wohl in den Fischereibetrieb der Schwiegermutter am Nordwestufer eingeheiratet. Doch ihre Rolle als Hausherrin und Gastgeberin Jesu und ihre fundamentale Bedeutung für »die ekklesiale Kompetenz von Frauen« (Barbara Mörtl, Die Schwiegermutter des Petrus. Die ekklesiale Kompetenz von Frauen nach Mk 1,29–31. Eine feministisch-theologische Untersuchung, 2002) wird noch viel zu wenig gewürdigt. Die blinden Flecken diesbezüglich scheinen sogar besonders hartnäckig, wenn die Funktion der Haus*herrin* (*oikodespoteín*) auch noch von der EÜ an anderer Stelle als »den Haushalt versorgen« fortgeschrieben wird (1 Tim 5,14), eine Freudsche Fehlleistung, die niemandem Freude bereiten kann.

Zur Schwiegermutter hinzukommen noch: *irgendwelche, andere viele Frauen,* namentlich *Maria von Magdala* und *Johanna,* die *Frau* eines hohen herodianischen *Beamten* namens *Chuza* oder *Chuzas, die ihnen* (Jesus und den Zwölf) *dienten mit dem ihnen Seienden* (Lk 8,2f). Die Übersetzungen mit »Vermögen« (EÜ) bzw. »Habe« (Lutherbibel) möchten dies jedoch auf eine rein finanzielle Unterstützung rückstufen, werfen aber damit kein gutes Licht auf Jesus, wenn er sich von Frauen habe »aushalten« lassen (s. 12). Dass sie Jesus als einzige bis zu seinem Tod begleiten (Lk 23,49.55), sie als erste sein Grab besuchen, ihn salben und damit endgültig zum *Gesalbten* (Christus) machen wollen und zur aufregenden Erkenntnis seiner Auferstehung kommen, das alles lässt sich nicht auf ein offenes Portemonnaie reduzieren, sondern zeigt vielmehr, dass gerade diese Frauen ihn in seiner Bedeutung erkannten und förderten –, was auf einen liebevollen Umgang miteinander ohne Eifersüchteleien hinweist; dann bleiben jedenfalls auch etwaige finanzielle Zuwendungen unproblematisch.

Besonders infam behandelte die Tradition *Maria Magdalena.* Nach Johannes ist sie die Erstzeugin des Auferstandenen und somit »Apostelin der Apostel« (Thomas von Aquin), aber die mit allen unheiligen Mitteln verteidigte Dominanz der mittelalterlichen Männerkirche brachte sie um jeden guten Ruf, denn *die sieben Dämonen, die aus ihr herausgegangen waren* (Lk 8,2), wurden mit den sieben Hauptsünden gleichgesetzt; in einer Vermischung der drei Marien (vgl. Joh 19,25) und der salbenden Sünderin wurde sie schließlich zur Prostituierten par excellence, ein Paradebeispiel an Projektion und Rufmord.

Als vor 30 Jahren mein erstes Heilungsbuch: »Die blutende Frau. Wunderheilung im Neuen Testament« (1991) erschien, meinten einige, das Thema stünde einem Mann gar nicht zu, dazu noch der Tabubruch, nicht mehr formelhaft von der »Blutflüssigen«, sondern unverblümt von der blutenden Frau zu reden (Mk 5,21–43 par). Doch ich war von diesem Thema tief berührt (und bin es immer noch), geht es doch dabei wie kaum in einer anderen neutestamentlichen Geschichte um die Auseinandersetzung mit Leiblichkeit und Sexualität. Und die ist nun einmal nie ganz abzuhaken.

Das Thema bleibt auch gesellschaftlich und kirchenpolitisch brisant und zutiefst beschämend, wenn Frauen so sehr »bluten« und sich verbluten müssen, nicht nur wegen ihrer zahlreichen sozialen und wirtschaftlichen Benachteiligungen. Demgegenüber eröffnen die biblischen Heilungsgeschichten überraschende Betrachtungsweisen und Zusammenhänge.

So auch die am Sabbat geheilte Frau (Lk 13,10–17). Die EÜ 1980 diagnostizierte: »ihr Rücken war verkrümmt und sie konnte nicht mehr aufrecht gehen«. Die revidierte EÜ mildert ab: »sie war ganz verkrümmt«, verbleibt aber bei der »orthopädischen« Betrachtung. Etwas genauer gelesen heißt der Text jedoch: *sie war ›sich zusammenbeugend‹* (mit aktivem Partizip) *und konnte sich nicht ›aufbeugen‹ ganz bis zum Ende*. Jesus aber ruft sie zu sich, er »beruft« sie und sagt ihr die Lösung von ihrer *Schwäche/Krankheit* zu, was im Griechischen und Hebräischen ein und dasselbe Wort (*asthéneia* bzw. *cholí*) ist. Doch diese bedauernswerte Frau ist kein Einzelfall, es ist die Frau schlechthin, der Jesus erklärt: *Du bist* (definitiv) *losgelöst von deiner Schwäche.* Was er mit einer Handauflegung unterstreicht: *Und er legte ihr die Hände auf.*

Das ist eine formelle Ordination: Die Frau wurde *sofort nach oben hin ›richtig gemacht‹ und verherrlichte Gott.* Die EÜ bringt jedoch nur die halbe Wahrheit, wenn sie mitteilt: »im gleichen Augenblick richtete sie sich auf …«, denn gerade bei dieser Heilung geht es nicht nur um manifeste somatische Beschwerden, sondern um die ganzheitliche und nachhaltige Aufrichtung der Frau, die »von einem Geist geplagt wurde« (EÜ 2016, die EÜ 1980 sprach noch von einem »Dämon«). Doch in der anschließenden Diskussion mit dem Synagogenvorsteher, der die Sabbatheilung Jesu kritisiert, findet Jesus eine noch deutlichere Sprache: *der Satan hat sie achtzehn Jahre lang gebunden* und *musste sie nicht gelöst werden von dieser Fessel am Tag des Sabbat!* Es ist wirklich etwas Teuflisches, Satanisches, wenn Frauen sich derart verkrümmen (müssen), dass sie sich nicht zu ihrer vollen Größe aufrichten können, vor allem in einer Jesuskirche.

Die schöne Kirche von Magdala, südwestlich von Kapharnaum am See Gennesaret, die Maria Magdalena, den Frauen des Neuen Testaments und einer Unbekannten geweiht ist, ist so etwas wie eine erste sichtbare Wiedergutmachung, die die römisch-katholische Kirche den

Frauen schuldet. Weitere Schritte müssen folgen, und zwar rasch, sonst könnte es ihr leicht so ergehen wie den *törichten Jungfrauen* aus dem Gleichnis, die letztlich vor verschlossenen Türen stehen (Mt 25,11ff): Kairos versäumt!

14

Lazarus, hierher, heraus! (Joh 11,43)

Bruder Hans zum Gedenken

Ein altehrwürdiger Schweizer Pfarrer gestand mir einmal, dass er sich sein ganzes Leben nie über die Auferweckung des Lazarus (Joh 11,1–45) zu predigen getraute. Der Gedanke, Jesus hätte einen schon *›viertägigen‹*, stark *riechenden* Toten aus dem Grab geholt, war für ihn nicht nachvollziehbar und er wollte lieber schweigen als etwas Unaufrichtiges sagen. In der Tat ist diese Geschichte eine der herausforderndsten der ganzen Bibel. Doch wir können sie nur missdeuten, wenn wir sie wie einen heutigen Zeitungsbericht lesen wollten. Denn in ihr geht es nicht bloß um nackte historische Fakten, sondern vielmehr um eine höhere unsichtbare Wirklichkeit.

Die Geschichte um Lazarus ist die einzige Totenerweckung der Bibel, die direkt in Jerusalem bzw. genauer in einem Vorort dieser Stadt spielt und sogleich den Eindruck vermittelt, dass damit auch Wesentliches über die Auferstehung Jesu gesagt werden möchte. Beide Gräber, sowohl das des Lazarus als auch das Jesu, sind *Felsgräber*, in beiden ist von einem *aufgehobenen Stein* die Rede, werden die *Leichentücher* und das *Schweißtuch* eigens erwähnt. Das sind wichtige Details und Signale auch für unser Verständnis.

Dabei wird der Tod eines besonderen Jesusfreundes im Licht von Ostern gedeutet, und zwar in Form einer Ikonographie, das heißt, es wird ein *Bild geschrieben* (ein Wort ›malen‹ gibt es im Griechischen gar nicht). Aber diese Ikone hat keine räumliche Perspektive, keine zeitliche Tiefenschärfe. Sie stellt Vorösterliches und Nachösterliches auf einer Ebene flächig dar und holt so auch die zeitlose Ewigkeit mit ins Bild. Sie bildet den erzählenden Rahmen und Kommentar zu einem der sieben Ich-bin-Worte Jesu: *Ich bin die Auferstehung und das Leben* (Joh 11,25). Dieses Jesuswort erhebt einen universellen Anspruch, wofür ein einmaliges Ereignis als Beleg viel zu wenig wäre, ebenso wenig wie *ein* geheilter Blinder das Programm Jesu einlösen könnte: *Ich bin das Licht der Welt* (Joh 8,12).

Nach dem Verständnis des vierten Evangelisten ist diese Geschichte ein *Zeichen* Jesu, wovon er insgesamt sieben erzählt. Wenn wir diesen Hinweischarakter ernst nehmen, dann ergeht es uns wie bei einem Verkehrszeichen. Denn wenn ich auf einem Straßenschild lese: Richtung Wien, weiß ich, dass ich noch nicht dort bin. Das heißt: Wir bekommen auch in diesem Bildzeichen keine fertigen Informationen darüber, was Auferstehung wirklich heißt. Das geht auch gar nicht, denn es handelt sich um das Eintauchen in das göttliche Leben hinein, in eine geistige Wirklichkeit, die unseren irdischen Augen verborgen ist und bleibt. Was hier beschrieben wird, ist kein Dokumentarfilm. Denn es ist schwer vorstellbar, dass eine Leiche, *gebunden an Händen und Füßen, das Gesicht mit einem Schweißtuch umbunden,* aus dem Grab herauskommt, dazu noch der unangenehm süßliche Leichengeruch, den wir als Kinder des Bestatters, der seinen Beruf als Werk der Barmherzigkeit ausübte, schon sehr früh kennen lernten. Das alles wird ja nicht rückgängig gemacht. Der Bibeltext sagt sogar ausdrücklich, dass es sich um einen (perfekt und total) *Gestorbenen* und bleibend Toten (*tethnēkṓs*) handelt (Joh 11,44).

Unsere Geschichte möchte den Blick auf die *Herrlichkeit Gottes* richten und begreiflich machen, dass *der Glaubende leben wird, auch wenn er stirbt* (11,25). Sie lädt uns ein, hinter jenen düsteren Vorhang, den wir Wirklichkeit nennen, zu blicken, um etwas von der Herrlichkeit Gottes zu erahnen und zu erkennen, was sich in der geistigen Welt Gottes eigentlich abspielt: Da steht Jesus (schon ganz im Licht seiner Auferstehung) am Grab seines Freundes Lazarus, und das geht ihm so sehr zu Herzen, dass angesichts der Tränen Marias auch seine eigene tiefe Erregung sichtbar wird: *Er weinte,* was die Umstehenden als Zeichen seiner Liebe werten (11,35f). Auch wir brauchen uns unserer Tränen zum Abschied nicht zu schämen.

Aber die Geschichte sagt noch viel mehr. Allein schon der Name *Lazarus* ist symbolgeladen und besagt wörtlich

»Gott hilft«. Damit sichert der Auferstandene aus eigener Erfahrung dem Toten glaubwürdig die Hilfe Gottes zu. Sein Gott schaut nicht tatenlos zu, er hilft, auch und gerade im Tod, selbst wenn wir das nicht gleich sehen und einsehen. Er macht zwar den Tod nicht rückgängig, aber er lässt uns auch nicht einfach in ein schwarzes Loch fallen und auf ewig darin verschwinden. Diese Hilfe Gottes im Tod gilt ausnahmslos. Sonst wäre nicht vom gütigen Gott aller Menschen die Rede, den Jesus uns nahebringen wollte.

Jesus ruft, auch für uns hörbar, den Toten aus dem Grab zu sich auf die Seite des Lebens. Sein Ruf ist stark, kommt ohne verbale Befehlsformen aus und gibt nur die Richtung an: *Lazarus, hierher, heraus!* Jesus ist nicht nur *der Weg, die Wahrheit und das Leben* (Joh 14,6), er ist auch unser Wegweiser zum Leben und zur Auferstehung. Gerufen wird unser Name, und damit eigentlich die Person, die im Bild freilich nur körperlich sichtbar zu machen ist. Aber es geht um etwas anderes, viel Tieferes, Ewiges: Der Schöpfer hat uns mit Namen ins Dasein gerufen, und er zieht diesen Anruf nicht zurück, nur weil wir sterben, sondern er ›durch-tönt‹ den Tod (*per-sonáre*) und ruft uns ›persönlich‹ aus dem Grab, aus dem toten Körper und der Körperlichkeit heraus. Doch wir verlieren dabei nichts, denn wir werden mit all unseren leibseelischen Erfahrungen in seine Schöpferliebe hinein »aufgehoben«. Genau das meint Auferstehung.

Wenn wir nur eine Spur davon begreifen, wird sich alsbald auch die Erkenntnis einstellen: Im Grab liegen nicht meine Mutter, mein Bruder oder sonst wer, sondern ihre Leichen, die wir pietätvoll versorgt haben. Die einst ihnen einwohnenden Personen sind längst bei Gott und wir brauchen uns um sie keine Sorgen mehr zu machen.

Doch Auferstehung und Leben bedeuten nicht nur ein Eingreifen Gottes irgendwann und von oben her. Auch wir dürfen dabei mitwirken. Und zwar jetzt schon, an Ort und Stelle. Denn der Auftrag Jesu lautet, den Stein, der das Grab verschließt, wörtlich *aufzuheben* (11,39), damit wir die Toten aus jenen Gräbern freigeben, die wir selbst gedanklich anscheinend schon fix in Stein gemeißelt haben. Erst wenn wir im Herzen und im Hirn diese selbstgemauerten Grüfte öffnen, können wir die Verstorbenen weiter auswickeln von allen *Leichenbinden* und Bindungen, mit denen wir sie zeitlebens oder spätestens im Tod eingeschnürt haben. Vor allem aber ist das *Schweißtuch*, mit dem wir ihr Gesicht verhüllt und ihre Person unkenntlich gemacht haben, wieder wegzunehmen. Das heißt: Die vielen Projektionen, die wir unseren Lieben im Leben aufgedrückt haben, sind zu lösen, damit sie wirklich auch von uns gelöst und »erlöst« sind.

Aber wir bekommen die Toten nicht leibhaftig zurückgeschenkt. Denn Jesus sagt ausdrücklich: *Lasst ihn weggehen* (11,44). Aber wohin denn? Nicht in sein oder unser Haus, sondern in das Haus des himmlischen Vaters. Von dort nämlich kommen wir, dorthin gehen wir (Joh 14,2ff). Das ist die Botschaft, die uns das Johannesevangelium vermitteln möchte.

15

Evolution

Die Menschheitsgeschichte vor Christi Geburt ist mehr als 1.300 Mal länger als die gerade einmal gut 2000 Jahre, die unsere Zeitrechnung seither zählt. Erstere beginnt schon vor mindestens 2,6 Millionen Jahren in Afrika und ist begleitet vom Wachstum des menschlichen Gehirns und der Aufrichtung des Gangs von vier Füßen auf zwei. Das schafft jenes labile Gleichgewicht, das die Fortbewegung mit einem Fünftel des vorherigen Energieaufwands ermöglicht und zur Erkundung neuer Lebensräume motiviert, während die Hände sowohl zu handwerklichen Tätigkeiten als auch zum geistigen »Be-Greifen« freigesetzt werden. Die menschliche Intelligenz bemisst sich seither (auch ohne entsprechende Knochenfunde) über längste Zeiträume hinweg vor allem am Werkzeuggebrauch, bisweilen mit höchst erstaunlichen Erkenntnissen.

Der markanteste Meilenstein liegt in der Nutzung des »himmlischen« Feuers, die nach heutigem Wissensstand schon vor gut einer Million Jahren in Südafrika beginnt (während das aktive Feuermachen erst der Jungsteinzeit vorbehalten bleibt). Doch schon die Zähmung des Feuers und seine Verwendung als »Werkzeug« erweiterte das Nahrungsangebot erheblich und damit auch seine biochemische Verwertbarkeit bzw. Haltbarkeit und förderte die menschliche Entwicklung, vor allem des Gehirns. Die damit möglich gewordenen Leistungen werden bis heute vielfach unterschätzt.

So zeigen die zwischen 1994 und 1998 zufällig aufgefundenen acht Schöninger Holzspeere aus Niedersachsen bei einem geschätzten Mindestalter von 280.000 Jahren bereits die Flugeigenschaften eines modernen Hightech-Carbongerätes, ohne dass es eine Erklärung dafür gäbe, wie eine solche Präzisionsarbeit damals gelingen konnte. Doch die steinzeitlichen Jäger konnten sich nicht allzu viele Fehlwürfe leisten, ohne zu verhungern. Also mussten sie die treffsicherste und bis 70 m reichende Verwendung eines Jagdwerkzeuges »erfinden«.

Auf dem Weg der Menschheit von ihrer Urwiege in Afrika hin zur Besiedelung von Asien und Europa erweist sich das Land der Bibel als besonderes Nadelöhr, und zwar entlang der späteren *Via maris* durch das heutige Israel. Da musste in der Tat die ganze Menschheit hindurch, und das anscheinend sogar zweimal (s.u.). Vermutlich begann der erste Durchgang schon vor 1,5 Millionen Jahren.

Und die Seefahrt? Werkzeugfunde auf Kreta belegen seit einem Jahrzehnt, dass das Mittelmeer nicht erst vor 30.000, sondern schon gut 100.000 Jahre früher befahren wurde, was wir den Steinzeitmenschen so gar nicht zugetraut hätten. Auch waren sie, trotz Opferriten und Blutrache, nicht so gewalttätig, wie der Sozialdarwinismus uns vielleicht glauben machte, wonach nur die Stärksten überlebten (Joachim Bauer, Prinzip Mitmenschlichkeit, 2006). Denn als *the fittest* (so Charles Darwin) erwiesen sich wohl nur diejenigen, die auch für ihre Kinder, Schwachen und Alten sorgten, also Altruismus und Solidarität übten, und das schon lange vor den zehn Geboten. Es gibt also in der Tat so etwas wie eine »natürliche Offenbarung«, die die längste Zeit der Menschheit ausreichen musste. Wir können doch nicht ernstlich glauben, dass Gott erst seit 3000 Jahren um das Heil der Welt besorgt sei. Da greift eine fundamentalistisch-biblische Sichtweise erheblich zu kurz.

Auf diesem langen Weg durch die Zeit waren auch extremste Katastrophen zu bewältigen, wie vor rund 74.000 Jahren, wo der Ausbruch des Supervulkans Toba auf Sumatra anscheinend nur wenige Tausend menschliche Individuen weltweit überleben ließ (erstaunlicherweise auch im nahen Indien). Aufgrund dieses Ereignisses lässt sich die heutige Menschheit auf wenige Mütter zurückführen – so stammen alle Europäer von gerade einmal sieben Müttern ab –, weswegen sich all unsere nachträglichen ethnischen, rassischen und nationalen Grenzziehungen als verschwindend klein bis paranoid erweisen.

Seit rund 40.000 Jahren verdichtet sich unser anthropologisches Wissen zusehends. Gleichzeitig mit figürlichen Kleinkunstwerken und Höhlenmalereien tauchen auf der Schwäbischen Alb die ersten Musikinstrumente auf: Fragmente von Flöten, nicht nur aus Knochen von Gänsegeiern und Schwänen, sondern auch aus Elfenbein, wo wir wieder rätseln, wie solche Bohrungen damals überhaupt möglich waren. Doch zeigt sich eine erstaunliche Kreativität gerade in Sachen Musik, die zwar nicht unbedingt überlebensnotwendig, aber dennoch höchst erstrebenswert schien, was wohl mit ihrer Nähe zu Transzendenz und Religion zu tun haben dürfte.

Auch die Tiere sind nicht mehr nur Bedrohung oder Jagdbeute, sondern werden zunehmend zu Partnern. Zuerst wird der Wolf zum Hund domestiziert, womit der Mensch einen Jagdgefährten und treuen Wächter gewinnt, obwohl einschlägige Funde dies erst vor ungefähr 23.000 Jahren bestätigen. Um diese Zeit beginnt auch der erste Getreideanbau, was im größeren Umfang wieder erst seit 12.000 Jahren nachweisbar ist, wie übrigens auch der erste Obstbau, den Feigen aus Jericho belegen.

Danach erfolgt die Domestizierung von Schafen, Ziegen, Rindern, Hühnern u. a., wobei das enge Zusammenleben mit den Tieren nicht nur die Versorgung mit Milch, Eiern und Fleisch verbesserte, sondern auch zu bisher unbekannten hygienischen Problemen wie Tuberkulose, Salmonellen und dergleichen führte. Schafe und Ziegen ermöglichten menschliches Leben auch in trockenen und semiariden Gegenden. Fast überall erwies sich der Esel als verlässlicher Lastenträger, doch erst die Nutzung des Rinds für den Pflug ermöglichte die Bewirtschaftung ausgedehnter Flächen und die Produktion größerer Getreidemengen, was nicht nur den Handel förderte, sondern auch die Entwicklung der Stadtkulturen vorantrieb und die nähere Differenzierung der Berufe einleitete.

Gegen 2200 v. Chr. setzte die Erzverarbeitung ein. Sie schaffte nicht nur effektivere Werkzeuge, sie ermöglichte auch hochwirksame Waffen und ließ plötzlich 77-fache, also unendliche Rache androhen (wie *Lamech* in Gen 4). Erst relativ spät wird das genügsame und äußerst anpassungsfähige Kamel bzw. Dromedar domestiziert, vor allem wegen seiner Milch, während sein Fleisch im Judentum als nicht koscher gilt. Das Tier, das auch Wüstenstrecken mit schweren Lasten überwinden konnte, wurde zum Symbol des Reichtums durch Handel. Seine militärische Nutzung wurde erst durch die Erfindung geeigneter Sättel möglich, veränderte jedoch die altorientalische Kriegsführung einschneidend: Jetzt wurden Überraschungsangriffe mit Bogenschützen bzw. Lanzenreitern über weite Strecken möglich, wo das starke Kriegsross schon längst kapituliert hätte (während Esel für den Krieg offensichtlich zu klug sind). Für den Warentransport war das Pferd jedoch mangels eines entsprechenden Geschirrs unbrauchbar. (Der blieb auch noch in römischer Zeit äußerst schwerfällig, denn die Ochsenkarren hatten keine bewegliche Deichsel oder Bremsen, so dass sie bei jeder Kurve umgehoben bzw. im Gefälle ein Rad mit einem Stock blockiert werden musste.)

Der große Vulkanausbruch von Santorin um 1600 v. Chr. veränderte das Leben im östlichen Mittelmeerraum und löschte wahrscheinlich auch die minoische Hochkultur aus. Dennoch entwickelten sich das Leben und die Kultur gerade in diesem Raum rasch weiter. Um die Wende vom 2. zum 1. Jahrtausend wurde nach ugaritischem Vorbild das phönizische Alphabet erfunden, von dem sich auch unsere modernen Buchstaben (und Zahlen) herleiten. Sie stellten eine enorme Abstraktionsleistung dar, die aus einem einfachen Bildzeichen den (konsonantischen) Anlaut herauslöst und so überhaupt erst die moderne (Laut)Schrift und damit das Entstehen schriftlicher biblischer Quellen ermöglichte.

Um dieselbe Zeit wurde auch die Eisenverarbeitung verbessert, ab 600 v. Chr. in Kleinasien der Tauschhandel durch erste Münzen abgelöst, was Wirtschaft und Handel belebte, aber auch die unbarmherzige Dynamik von Steuern und Schulden antrieb. Die Abgabe der Tempelsteuer aus der Diaspora nach Jerusalem wird zum ersten internationalen Geldfluss und ökonomischen Faktor.

Nicht nur das menschliche Zusammenleben änderte sich in diesen Zeiten, auch das Denken über Gott suchte neue Wege (und Jesus wird es nochmals tun). Sowohl die biblischen Propheten (Hosea) als auch die griechischen Philosophen (nach der späteren Überlieferung vor allem Pythagoras) stellten den Opferkult an die Götter radikal in Frage: *Barmherzigkeit will ich, nicht Schlachtopfer* (Hos 6,6/Mt 9,13; 12,7) wird das neue Programm. Wobei auch der Begriff der Barmherzigkeit (*éleos*), die wir im *Kyrie eleison* anrufen, eine deutliche Verengung des hebräischen Begriffs *chésed* darstellt, denn diese meint die bedingungslose Liebe Gottes, seine Güte, Treue und Gnade, während wir mit der Barmherzigkeit eher etwas Herablassendes verbinden und deswegen nur wenig davon begreifen, worum es in der Gottesbeziehung eigentlich geht. Doch nach dem hebräischen Text liest sich die zitierte Stelle (EÜ) nochmals anders: »Denn an Liebe habe ich Gefallen, nicht an Schlachtopfern / an Gotteserkenntnis mehr als an Brandopfern.« Ähnlich auch: »Eure Brandopfer gefallen mir nicht, / eure Schlachtopfer sind mir nicht angenehm.« (Jer 6,20).

Unser kurzes Leben steht in erstaunlich langen Traditionen, reicht tief in die Urzeit zurück und das bedeutet: Nicht alle unsere Reaktionen sind unserer heutigen Situation auch wirklich angemessen. So stammen die festen Greifreflexe der Neugeborenen offensichtlich aus einer Zeit, wo unsere Mütter noch ein Fell trugen, und die meisten Reflexe funktionieren unabhängig von unserer Aufmerksamkeit ganz automatisch, zu unserem Vorteil. Aber wir sind noch lange nicht am Ende, vor allem, was unsere geistige, spirituelle Entwicklung angeht, wo wir leicht ein ganzes Leben lang im Unbewussten dahindämmern und nicht zu unserer eigenen und eigentlichen Erfüllung finden. Es ist auch nicht gleichgültig oder reine Privatsache, wie und was wir über Gott denken, denn das alles hat Konsequenzen auch für unser Zusammenleben. Doch was Jesus über Gott geglaubt hat, ist für die Entwicklung der Menschheit von größter Bedeutung.

So jedenfalls sah es Teilhard de Chardin, der am Ostersonntag 1955 verstorbene Jesuit und Paläontologe. Er sah die volle Bewusstwerdung des Menschen als das Ziel der gesamten Evolution. Wie es scheint, hängt das

Überleben der Menschheit heute mehr denn je davon ab, ob wir die dafür erforderlichen Kompetenzen noch rechtzeitig entwickeln, geht es doch darum, dass wir nicht länger lebende Wesen und die Natur insgesamt aus unserer mitmenschlichen Solidarität ausschließen. Denn es sitzt die ganze Menschheit in einem Boot. Es gibt keinen Planeten oder Plan B.

16

Hochzeit zu Kana

Es ist *der Anfang der Zeichen, den Jesus in Kana in Galiläa machte und seine Herrlichkeit/Bedeutungsschwere* (hebräisch: *kabód*) *offenbarte* (Joh 2,11). Nach landläufigem Verständnis handelt es sich dabei um eine überreiche Weinspende, wonach er Wasser in Wein »verwandelte«, wie auch die später erzählte wunderbare Speisung der 5.000 (Joh 6) als Brot*vermehrung* gilt (s. 22).

Nun ist die tiefere Bedeutung dieser symbolträchtigen Bildsprache in der Tat nicht so leicht zu entschlüsseln. Doch die Orientalen argumentieren nicht mit unserer westlichen Logik, sie erzählen lieber blumige Geschichten, die viele Deutungen zulassen. Das Johannesevangelium spricht dabei von *Zeichen* (*sēmeíon*), und diese weisen auf etwas hin, was sie selbst noch nicht sind, gar nicht sein können, besonders wenn es um eine höhere Wirklichkeit geht, die damit angedeutet werden soll (s. 14). Doch kein einziges Evangelium wäre je geschrieben worden, wenn es nur um genaue Gedächtnisprotokolle darüber ginge, was sich alles im Leben Jesu zugetragen hat. Denn erst von Ostern her kann die Bedeutung seines Lebens und seiner Person näher erkannt werden. Das gilt insbesondere für das Johannesevangelium (2,21f).

Eine angemessene Auslegung kann sich daher nicht nur auf einzelne Worte, Sätze oder Abschnitte beschränken, sondern muss auch die großen strukturellen Zusammenhänge beachten. Denn gerade das vierte Evangelium zeigt einen sehr kunstvollen Aufbau und bietet neben sieben programmatischen Ich-bin-Worten auch sieben ausgewählte Zeichen Jesu, die zum Teil eng miteinander verknüpft sind. So wie das vierte Zeichen mit den *fünf Gerstenbroten* und *zwei Fischen* letztlich Jesus selbst als den deutet, der allein *das Brot des Lebens austeilt,* weil er es ja selbst ist (6,11.35), so hat auch die Hochzeit zu Kana schon einen deutlichen Bezug zum siebten und letzten Ich-bin-Wort: *Ich bin der wahre Weinstock* (15,1) und vermittelt im Bild, wie Jesus *reiche* und *gute* Frucht ›*macht*‹. Doch worin besteht sie?

Darüber gehen die Ansichten auseinander. Das zeigt sich, noch vor jedem Bibeltext, schon beim Umgang mit dem Thema Alkohol in verschiedenen Zeiten und Kulturen. Die Antike gebrauchte Wein (seine Qualität war mit heutigem Wein kaum vergleichbar) vor allem als hygienischen Zusatz zu Zisternenwasser. Das Judentum integrierte ihn in die Feier des Sabbat, und zu Passah sind es sogar vier rituelle Becher, wodurch der (mäßige) Weingenuss kulturell gut eingebettet ist. Dem mittelalterlichen Abendland galt der Kelch als priesterliches Vorrecht, was (unbewusst) auch Protesthaltungen und alkoholische Exzesse provozierte, während eine jesuanische Weinspende von sechs Hektolitern oder mehr an eine jüdische Hochzeitsgesellschaft historisch eher als unwahrscheinlich bis unangemessen erscheint.

Schon die Einleitung der Perikope klingt bedeutungsvoll: *Und am dritten Tag geschah/wurde Hochzeit … und die Mutter Jesu war dort* (2,1). Bereits dreimal wurde eine Szene im Evangelium mit *am nächsten Tag* eingeleitet (1,29.35.43), und so zählen wir heute eben den dritten Tag. Doch dieser Tag, unser Dienstag, ist auch der jüdische Hochzeitstag schlechthin. Denn einzig an ihm vermerkt die Schöpfungsgeschichte zweimal: *Und Gott sah, dass es gut war* (Gen 1,10.12), womit schon vom Kalender her ein doppelter Segen auf die Brautleute herabgerufen wird, denn beide sollen es schließlich auch je für sich gut haben. Wenn wir unsere Geschichte in diesem Zusammenhang lesen (und schon der Prolog des Evangeliums zitiert mit *im Anfang* wörtlich Gen 1,1), dann beschreibt dieses erste Zeichen Jesu seine hohe Wertschätzung der Ehe: Er bestätigt schon durch seine bloße Anwesenheit, dass die Ehe gut ist, dass er sie gut heißt, denn schließlich könnte ihm als Wanderprediger und Prophet auch Gegenteiliges nachgesagt werden (ein Ruf, der ihm leider bis heute nachhängt). So aber macht gerade eine Hochzeit (von der die synoptischen Evangelien keine Notiz nehmen) durch seine besondere Gabe den *Anfang der Zeichen*. Das wird deswegen möglich, weil der *dritte Tag* bereits auf die Auferstehung (1 Kor 15,4) vorausweist und die *Stunde* seiner Verherrlichung am Kreuz in die Deutung des Zeichens einbezieht.

Die johanneischen Zeichen haben meist einen hohen Gesprächsanteil. Auch beim Weinwunder treiben die Gespräche die Handlung voran. Die Mutter erkennt den Mangel, der Sohn winkt ab: *Was mir und dir, Frau? Meine Stunde ist noch nicht gekommen* (Joh 2,4). Was die Mutter nicht davon abhält, den *Dienern und Dienerinnen* zu bestellen: *Was immer er sagt, tut* (was weit über den konkreten Anlass hinausführt). Jesus erteilt den Auftrag, die *Wassergefäße bis oben* zu füllen, zu schöpfen und dem *Herrscher des Trikliniums* (in der Lutherbibel dem »Speisemeister«) zu bringen. Der kostet *das Wein gewordene Wasser* und kann sich in einem typisch johanneischen Missverständnis (und etwas oberlehrerhaft) weder die Herkunft noch den Zeitpunkt der besonderen Qualität erklären und bescheinigt dem Bräutigam, dass er *den guten Wein bis jetzt bewahrt* hat, womit er genau jene Terminologie aufgreift, die das Evangelium auch vom Bewahren/Halten der Weisungen Jesu gebraucht (8,51f).

Die Mutter steht der Hochzeitsgesellschaft offenbar näher als *Jesus,* der *mit seinen Jüngern und Jüngerinnen auch eingeladen ist.* Sie ist schon vorher vor Ort und versucht, bei Tisch diskret zu vermitteln. Aber ist nach so herben Anfangstönen überhaupt noch ein liebevolles Zeichen Jesu zu erwarten, oder hat er es sich im Respekt vor der Mutter doch noch anders überlegt? Sollte es wirklich nur darum gehen, dass eine Hochzeitsgesellschaft, die sich immerhin Dienerschaft mit Manager leisten kann, so schlecht organisiert ist, dass Jesus durch einen Wink seiner Mutter auf die bevorstehende Peinlichkeit für die Gastgeber und Gastgeberinnen aufmerksam gemacht werden muss und überreagiert?

Eigenartigerweise wurde bei der Auslegung der Geschichte die längste Zeit der Umstand übersehen, dass die *dort liegenden sechs steinernen Wassergefäße gemäß der Reinigung der Juden und Jüdinnen* leer oder halbvoll geblieben sind. Solche waren (allerdings nur bis zum Ende des Zweiten Tempels) viel in Verwendung, weil sie im Gegensatz zu den Tongefäßen nicht unrein werden konnten (während letztere in diesem Fall zerschlagen werden mussten, was auch die vielen Tonscherben bei Ausgrabungen erklärt). Die Übersetzungen sprechen dabei von »steinernen Wasser*krügen*«, was jedoch ein falsches Bild vermittelt. Denn ihre Herstellung aus bis zu 400 kg schweren Kalkblöcken erforderte eine hohe Fertigungstechnik in Feuchtbearbeitung und/bzw. Drehbank mit Asphaltklebung usw., wobei viele Rohlinge auch zu Bruch gingen. Jedenfalls waren diese Geräte schon leer kaum zu transportieren, noch weniger, wenn sie, wie im Auftrag Jesu *bis nach oben* (2,7) gefüllt wurden.

Dass es ausgerechnet sechs Wassergefäße sind, bezieht die gesamte Woche in das Thema mit ein, nur der Sabbat bedarf der Reinigung nicht, denn er wurde bereits vom Schöpfer geheiligt (Gen 2,3). Und was die johanneische Erzählkunst noch öfters kennzeichnet: Sie überrascht hier erstmals mit einer exakten Zahlenangabe, wo wir sie nicht unbedingt erwarten würden, wenn das Fassungsvermögen von (umgerechnet) 100–120 Litern je Gefäß mitgeteilt wird. (Dass das zugrundegelegte Maß [griechisch *ho metrētḗs*] im Hebräischen dasselbe Wort wie ›Tochter‹ ist, nämlich: *bat*, zeigt die weitläufige Verwendung der semitischen Familienbegriffe; s. 2).

Der Blick auf die Steingefäße rückt die im Judentum so wichtige rituelle Reinheit ins Zentrum der Aufmerksamkeit. Die Händewaschung vor dem Essen ist hygienisch notwendig, denn man isst mit den bloßen Fingern und tunkt dabei ein Stück Brot in die gemeinsame Schüssel mit Gemüse oder Fleisch- bzw. Fischbrühe ein. Doch für den Handgebrauch wäre kaum eine solche Wassermenge nötig, die sogar für ein rituelles Bad (*míqwe*) ausreichen würde. Das weist eher in eine andere Richtung. Denn gerade die Sexualität ist im Judentum ein äußerst sensibler Bereich, vor allem wegen des Bluttabus, und damit wohl auch (wenigstens implizit) Thema einer Hochzeit. Zwar handelt es sich bei den Regeln zur »Unreinheit« (*nídda*) um rein kultische Vorschriften, aber die Pharisäer konkurrierten mit der Heiligkeit der Tempelpriester und wollten deren Reinheitsregeln von allen beachtet wissen, um so *ein Königreich von Priestern und Priesterinnen und ein heiliges Volk* (Ex 19,6) zu werden.

Genau in diesem Widerstreit, dem auch jedes judenchristliche Brautpaar ausgesetzt war (vgl. 1 Petr 2,5), setzt die zeichenhafte Botschaft Jesu an: Er *macht* das Wasser, das bisher vor allem der sexuellen Reinheit dienen sollte, *zu lebendem Wasser* (Joh 4,10) und *zu Wein,* der *des Menschen Herz erfreut* (Ps 104,15). Denn Ängste, die Sexualität betreffend, gab und gibt es genug. So wurden nach verbreiteter (aber nicht unbestrittener) Meinung die Kinder für die einschlägigen »Sünden« ihrer Eltern mit Blindheit, Aussatz und dergleichen bestraft. Es genügte schon, dass die Eltern sich beim Verkehr vielleicht an Stellen angeschaut haben, wo man nicht hinblicken darf, weswegen auch die Jünger und Jüngerinnen bei der Heilung des Blindgeborenen sogleich nachfragen, *wer* denn *gesündigt hat, er oder seine Eltern* (Joh 9,2).

Nun aber darf schon mit dem ersten Zeichen Jesu alles Angstbesetzte in der Sexualität geradezu »dionysischer« Lust weichen, womit eine neue, aufgeklärte Sicht unbeschwerter Leiblichkeit eröffnet wird. Der reichlich gespendete *gute* Wein symbolisiert die Einladung Jesu, die Sexualität wirklich als gottgeschenktes Fest (und nicht als Orgie) zu feiern. So lässt sich das sonst so leicht ins Moralische abgleitende Thema körperlicher Intimität äußerst freundlich und orientalisch verschlüsselt, vornehm und lustvoll abhandeln.

Solch tiefere Sinnzusammenhänge sind jedoch mit der Vorstellung einer übergroßen Weinspende (und wohin mit dem Rest?) kaum einzulösen. Immer schon erweckte unsere Geschichte Verwunderung, weil so gar nichts von einer Braut zu hören und zu sehen ist, obwohl sie nach unseren Vorstellungen eigentlich die Hauptperson im Stück ist. Wird ihr Platz bewusst frei gehalten, wie bei anderen Gelegenheiten der Stuhl des Propheten Elija? (Wobei gerade die Leerstellen bei der Sinnsuche helfen können.)

Doch wie es aussieht hat die Tradition von der spirituellen Seite des Weinwunders wenig Notiz genommen. Sie belegte die Sexualität ohne und vor der Ehe weiterhin nur mit Verboten und erklärte sie innerhalb der Ehe zur Pflicht, hat aber ihre eigenen Reinigungsgefäße nicht dem Auftrag Jesu gemäß bis oben hin angefüllt, damit sie sich, aus der Fülle geschöpft, in etwas Besseres, Lustvolleres wandeln könnten. Dennoch beanspruchte die Kirche das Recht, mit ihrem Ritual bestimmen zu dürfen, *was Gott verbunden hat* und folglich *der Mensch nicht trennen darf* (Mt 19,6). Und das alles, obwohl nicht sie selbst das Sakrament spendet, sondern die Ehepartner es einander vermitteln. Diese hoffen und glauben zum Zeitpunkt ihres Versprechens auch wirklich, dass ihre Verbindung von bleibendem Bestand sein möge. Doch gehen sie zugleich ein hohes Risiko ein, allein schon dadurch, weil unsere Lebenserwartung sich gegenüber den biblischen Zeiten mehr als verdoppelt, wenn nicht verdreifacht hat, und die Persönlichkeitsentwicklung als Paar über die Jahrzehnte hinweg auch ungleich verlaufen kann, zum Nachteil der Liebe. Dabei hat die Kirche mit der rigorosen Unauflösbarkeit der Ehe nicht nur Schwächere vor der Willkür der Stärkeren geschützt, sondern auch viele Paare in destruktive Lebensmuster (»bis der Tod euch scheidet«) hineingetrieben bzw. mit ihren Sanktionen Menschen in ihrer Würde und Existenz schwer beschädigt –, was alles nicht die Intention Jesu gewesen sein kann.

Jesus hielt einer laxen Auslegung des Scheidungsrechts (es gab auch eine strengere Version) die *Herzens-*

härte entgegen, derentwegen *Mose den Scheidebrief aufgetragen/gestattet hat* (Mt 19,7f). Heute würde er vermutlich die Herzenshärte der Kirche ansprechen, welche die Scheidung kategorisch ablehnt und dafür problematische Konstruktionen (wie Annullierungen oder Kommunionverbote) aufbietet. Zu solchen Niederungen nimmt unsere tiefsinnige Zeichengeschichte natürlich nicht Stellung. Doch scheint es auch nicht nur Zufall zu sein, dass die textlich frei schwebende Geschichte mit der Ehebrecherin gerade innerhalb der johanneischen Tradition eine Heimat fand (Joh 8,1–11). Sie muss schon aus dem Grund echt sein, weil spätere Zeiten keinen so liberalen Jesus mehr erfunden hätten.

Das Johannesevangelium selbst hält jedoch fest, dass Jüngerschaft zur Erkenntnis der Wahrheit führt, *und die Wahrheit wird euch freimachen* (8,32). Paulus sagte es ähnlich und legt noch – in den durchaus vergleichbaren Fragen einer nachträglichen Beschneidung – die Konsequenz nach:

> *Zur Freiheit hat uns Christus befreit. Steht nun fest und lasst euch nicht wieder in ein Knechtschaftsjoch hineinhalten.* (Gal 5,1)

17

Dem unbekannten Gott (Apg 17,23)

In seiner Areopagrede (Apg 17,22–31) spricht Paulus merklich anders als in seinen Briefen. Aber die Apostelgeschichte wurde auch mehr als eine Generation nach Paulus verfasst, und schon aus diesem Grund ist kein Gedächtnisprotokoll einer tatsächlich gehaltenen Rede zu erwarten. Reden waren vielmehr in der antiken Geschichtsschreibung immer der bevorzugte Ort, an dem die Schriftsteller ihre eigene Interpretation der Geschehnisse entfalten konnten. Zudem war Athen gar nicht das Ziel der paulinischen Mission, denn ihm hatte das kaum 100 km entfernte Korinth längst den Rang abgelaufen. Auch war Paulus, als er in die Gegend kam, offensichtlich zu sehr mit seiner Kreuzestheologie beschäftigt (1 Kor 1/2), als dass er solche Töne einer »natürlichen Theologie«, wie sie dem Autor der Apostelgeschichte vorschweben, angeschlagen hätte. Dieser war jedoch seinem gebildeten Publikum eine Auseinandersetzung mit der griechischen Philosophie und Theologie schuldig, und dazu erwies sich das traditionsreiche Athen als der bessere, wenn auch vielleicht nur virtuelle Ort einer Grundsatzrede.

Die Religion der Spätantike stand vor dem Problem, dass die alten Göttergeschichten nicht mehr glaubwürdig waren bzw. die Vielzahl der Gottheiten nach irgendeiner übergeordneten Instanz verlangte wie den »obersten Zeus«. Das machte auch den jüdischen Monotheismus trotz seiner Fremdheit so attraktiv. Jedoch schreckten viele Sympathisanten (*Gottesfürchtige*) vor einem Übertritt zum Judentum zurück, vor allem weil sie die damit verbundene Beschneidung fürchteten. Sie war nicht nur schmerzhaft und wurde oft sogar als Kastration missdeutet, auch war das Ergebnis in den Sportanstalten (*Gymnasien*) und Thermen öffentlich sichtbar und grenzte somit aus der Mehrheitsgesellschaft aus.

Doch gerade für dieses Problem hatte Paulus die Lösung, indem er diesen Ritus für nichtjüdische Jesusgläubige außer Kraft setzte: Sie konnten an den Gott der Bibel glauben, ohne sich beschneiden zu lassen –, was wiederum die jüdische Identität, die sich durch Proselyten (*Dazugekommene*) gestärkt fühlte, verunsicherte und sie dem Erzfeind Paulus nach dem Leben trachten ließ.

Die Rede knüpft bei dem Altar an, der einem *unbekannten Gott* geweiht ist. Dieses Stichwort darf uns auch heute noch hellhörig machen, denn die christliche Theologie hat nicht sehr viel am Umstand verändert, dass ein unbekannter Gott der Wahrheit immer noch näher kommt als unser Katechismus*wissen* über ihn. Dabei liegt das größte

Paradox wohl in dem Umstand, dass diese große Unbekannte sich nicht so sehr hinter den Sternen, sondern vielleicht noch viel mehr in uns selbst verbirgt, ohne dass wir das wirklich erfassen und zu schätzen wissen:

> *Der Gott, der den Kosmos und alles in ihm gemacht hat, dieser, Herr seiend des Himmels und der Erde, wohnt nicht in handgemachten Tempeln ein, und er wird nicht von menschlichen Händen bedient/verehrt, irgendwessen bedürftig, selbst gebend allen Leben und Atem und alles. Er machte aus einem einzigen jedes Volk* [*éthnos*] *der Menschen einwohnen auf dem ganzen Angesicht der Erde, begrenzend vorherbestimmte Zeiten* [*kairós*] *und Begrenzungen ihres Einwohnens, um den Gott zu suchen, ob sie ihn möglicherweise ertasten und finden könnten. Und nicht ist er fern von einem jeden von uns. In ihm nämlich leben wir, bewegen wir uns/werden wir bewegt und sind wir. Wie auch einige Dichter bei euch gesagt haben: Wir sind nämlich auch dessen Geschlecht* [*génos*]. (17,24–28)

Vom Schöpfer des Kosmos ist hier die Rede, was für griechische Ohren nicht nur das Weltall umfasst, sondern auch Schönheit (Kosmetik) und Ordnung beinhaltet. Aus seiner unendlichen Größe ergibt sich logischerweise, dass Gott nicht in Tempeln einwohnt. Das gilt für unsere Kirchen gleichermaßen. Sie sind nicht Orte, wo Gott »wohnt«, sondern Gelegenheiten, wo wir uns seiner vielleicht mehr bewusst werden können, weil wir dort mehr Stille oder Gemeinschaft erleben als anderswo. Ebenso bedienen wir nicht ihn mit unseren Gottesdiensten, sondern feiern für uns mit unseren Erfahrungen und Nöten, auch im Glauben. Aber das kann nur im Verein mit allen Menschen geschehen, nicht nur mit den immer weniger werdenden Gleichgesinnten. Denn wir wissen, dass wir alle ohne Ausnahme seine Geschöpfe sind, Kinder derselben Ureltern, denen bestimmte Zeiten und Wohngebiete zugewiesen sind.

Wir können jedoch nicht ohne Orientierung durchs Leben gehen, sondern versuchen wie Blinde, irgendetwas von Gott, dem Göttlichen oder wie immer wir es, ihn oder sie nennen wollen, zu *›ertasten‹ und zu finden,* was nur als vorsichtige Möglichkeit (mit den um diese Zeit schon seltenen Wunschformen, sogenannten Optativen) angesprochen wird. Denn es gibt gerade hinsichtlich des Transzendenten, Numinosen, Göttlichen keine eindeutigen Begriffe und Definitionen, auf die Glaubende eingeschworen werden könnten (wie es der kirchliche Antimodernisteneid bis 1967 vorschreiben wollte). Auch geht es dabei nicht so sehr um gedankliche Ableitungen, sondern vor allem um leib-seelische Erfahrungen. Sie sind verbunden mit dem Atem, der das sinnenfälligste Zeichen dafür ist, dass uns das Leben andauernd gegeben wird, dass wir Gott gar nicht so sehr und erst im Jenseits vermuten sollten, sondern vielmehr von ihm umgeben sind und wir uns immer schon in ihm bewegen, eigentlich sogar *›bewegt werden‹* und *in* Gott sind.

Alle religiösen Riten, die wir praktizieren, können nichts anderes bewerkstelligen als in ihrem jeweiligen kulturellen Kontext diese immer schon vorhandene Gottesverbindung zu Bewusstsein zu bringen und intensiver zu kommunizieren. Wir sind sein *Geschlecht,* und zudem stammt *jedes Volk der Menschen aus einem ab* (was die Forschung hinsichtlich derselben Mutter bestätigen kann). Doch ohne die allen gemeinsame Wurzel immer wieder zu realisieren, gibt es auch keine wirkliche Gotteserfahrung (denn eine solche kann sich immer nur auf den Gott *aller* Menschen beziehen oder sie ist reine Selbsttäuschung).

Auch wenn die Areopagrede so anders redet als Paulus schreibt, ihre Ideen sind ihm doch nicht so fremd, wie es zunächst scheinen möchte. Denn auch Paulus scheut sich nicht, die Gläubigen eindrücklich zu erinnern:

> *Wisst ihr nicht, dass ihr Tempel Gottes seid und der Geist Gottes in euch wohnt? ... Denn der Tempel Gottes ist heilig, [und] solche seid ihr.* (1 Kor 3,16f)

Die frühen Christinnen und Christen hatten keine »Gotteshäuser«, sie konnten und mussten ihren Glauben im häuslichen Alltag, der meist auch ihr Berufsfeld war, leben und dabei ihre *Leiber als lebendige, heilige, Gott wohlgefällige Opfergabe, als logische Verehrung* präsentieren (Röm 12,1). Wenn wir jeden Menschen als heiligen Ort, an dem Gott wohnt, wertschätzen, ergibt sich ein neuer achtsamer Umgang miteinander. Der Kampf der Religionen wäre jedenfalls ein für alle Mal zu Ende.

18

Heiliger Judas

In der neuen Kirche von Magdala am See Gennesaret zieren statt der meist üblichen zwölf Apostelkreuze lebensgroße Apostelgestalten die Kirchenwände, unter ihnen auch Judas. Er wird also nicht mehr wie früher geächtet, verleugnet oder durch die Nachwahl des Matthias (Apg 1,26) ersetzt, sondern erhält seinen angestammten Platz unter den Zwölfen zurück. Das einzige, was ihm noch fehlt, ist der Heiligenschein. Den hat ihm bisher, aber immer schon, nur die äthiopische Kirche zuerkannt, die ihn als Heiligen verehrt. Mit guten Gründen, wie wir noch sehen werden.

Nicht nur die Literatur, wie der französische Konvertit Paul Claudel († 1955) oder der Tübinger Universalgelehrte Walter Jens († 2013), auch die Bibelwissenschaft ist hellhörig geworden, besonders seit Hans-Josef Klauck (Judas – ein Jünger des Herrn, 1987). Ein Umdenken war und ist mehr als notwendig, denn die traditionelle Sicht seiner Gestalt ist eine üble, und sie hat unermesslichen Schaden angerichtet. Seinen Namen leiht er dem Judaskuss und dem Judaslohn, er brandmarkt den Verräter aus dem engsten Freundeskreis. Der Vorname ist in Deutschland vor den Standesämtern gar nicht zugelassen. Das Schlimmste daran: Dieses Verdikt trifft nicht nur eine historische Figur, sondern schließt infolge des Gleichklangs Judas – Jude gleich das ganze Judentum, und das für alle Zeiten, mit ein. Der Holocaust wäre ohne den mit Judas geschürten christlichen Judenhass kaum möglich geworden. Auch Martin Luther hat mit seiner Bibelübersetzung mehr als sein sprichwörtliches Scherflein dazu beigetragen. Die Einzelheiten:

Seit frühester Zeit sprach der urchristliche Gottesdienst davon, dass *der Herr Jesus in der Nacht, in der er übergeben* (*paradidónai*) *wurde, Brot nahm* usw. So erfahren wir es in den Fünfzigerjahren durch Paulus anlässlich der von ihm kritisierten Zustände in der Gemeinde von Korinth (1 Kor 11,23). Mit dieser Erinnerung wurde jene Feier eingeleitet, welche in der Frühzeit *Brotbrechen* (Apg 2,42) hieß und die Paulus auch *Herrenmahl* nennt (1 Kor 11,20), und die wir seit Luther als Abendmahl kennen. Die älteste Überlieferung jedoch nennt hinsichtlich des Übergebens keinen Namen, betreibt keine Polemik, die im Gottesdienst auch völlig unangemessen wäre. Vielmehr würde die verhaltene Formulierung im Passiv: *dass der Herr Jesus … übergeben wurde* eher sogar auf Gott als den Regisseur des unverständlichen Dramas hinweisen, um ihm doch noch einen tieferen Sinn abzugewinnen. Auch der engere Kontext bei Paulus spricht eindeutig für ›Übergeben‹: *Ich nämlich habe vom Herrn empfangen, was ich auch euch ›übergeben habe‹, dass der Herr Jesus … ›übergeben wurde‹*. Beide Male ist es dasselbe Wort, und es kann im selben Atemzug nicht unterschiedliche Bedeutungen annehmen. Von Verrat kann also noch keine Rede sein.

Die Evangelien, deren frühestes (Markus) knapp um das Jahr 70 oder kurz davor entstanden ist – die anderen folgen ungefähr im Jahrzehnteabstand –, standen vor dem Problem, dass sie zur Passion Jesu kaum auf historisches Material zurückgreifen konnten. Doch suchten sie auch nicht danach, sondern nach dem Sinn des Ganzen, den sie im Gespräch mit ihrer Bibel zu ergründen suchten. Im Sinn der liturgischen Tradition sprachen auch sie von Judas einstimmig als dem, der ihn *übergeben* hat (einzig Lk 6,16 spitzt auf den »Verräter« zu). Eine solche Beifügung war schon deswegen notwendig, weil Judas ein sehr beliebter (Ehren)Name war, zumal er (zumindest nach Gen 29,35) wörtlich einen Segensspruch wiedergibt, etwa: ›Gott sei gepriesen/gelobt/gedankt‹ (*jehudá*). So gab es (trotz aller Unsicherheiten in den Apostellisten) auch unter den Zwölfen einen zweiten Judas, den *Sohn des Jakobus* (Lk 6,16: der öfters mit Judas Thaddäus gleichgesetzt wurde). Auch Johannes nennt einen *Judas, nicht den Iskariot* (Joh 14,22). (Dass auch ein Bruder Jesu so heißt, sollte nicht mehr verwundern: Mt 13,55.)

Zugegeben, Judas kommt in den Evangelien schlecht weg, zumal er auch als *Dieb* aus der gemeinsamen Kasse verunglimpft wird (Joh 12,6). Die ersten drei Evangelien legen Jesus zudem einen ziemlich depressiven Ausspruch über ihn in den Mund (Mt 26,24; Mk 14,21; Lk 22,22), doch werden Enttäuschungen nur zu gerne mit starken Ansagen verarbeitet. Allerdings ist ein Satz wie: *Es wäre besser, wenn er nicht geboren wäre,* Jesus so nicht recht zuzutrauen, zumal er ja freiwillig in den Tod ging (s. 19). Was also ist die Rolle des Judas wirklich? Wo sind Fakten auszumachen, wo sprechen bloß Emotionen, werden Gerüchte kolportiert, die mit ihrer Verbreitung erfahrungsgemäß immer mehr anwachsen?

Dass die Jünger (und hier sind möglicherweise tatsächlich nur die Männer gemeint) mit der Verhaftung Jesu heillos überfordert waren, dafür gibt es deutliche Anzeichen, wenn etwa Petrus Jesus nicht nur harmlos »verleugnet« (wie wir ihm beschönigend zugestehen), sondern die Beziehung zu ihm total *verneint* (Mt 26,70.72.74), was schwerer wiegt als alles, was wir Judas vorwerfen könnten. Dass derselbe Petrus zuvor in Getsemani tatsächlich tapfer bis blindwütig mit dem Schwert dreingehauen hätte (Joh 18,10), ist schon aufgrund der ungleichen Kräfteverhältnisse nicht wirklich realistisch; eher schon die allgemeine Flucht mit dem nackten Jüngling als Dreingabe (Mk 14,50ff), womit das entstandene Chaos einigermaßen zutreffend beschrieben wäre.

Jedenfalls ist bei der Kreuzigung keiner der starken Männer zu sehen, denn unter den *in der Ferne* stehenden *Bekannten* (Lk 23,49) sind sie kaum zu suchen, und die johanneische Darstellung mit der Mutter und dem Lieblingsjünger unter dem Kreuz (Joh 19,25ff) ist eher eine »ideale Szene« zur Deutung seines letzten Willens in

Richtung gegenseitiger Fürsorge. Bleiben nur die *Frauen, die ihm aus Galiläa gefolgt waren* (Lk 23,49.55), die ihm in Sichtweite Beistand leisteten, auch bei seinem Tod gefasst blieben und um sein Grab wussten.

Die Jünger jedoch konnten mit ihrer Verzweiflung nicht gut umgehen, zumal sich bei einem Todesfall leicht Schuldgefühle in der engsten Umgebung einstellen. Solche werden erfahrungsgemäß nur zu gerne verdrängt bzw. auf andere projiziert – in unserem Fall eben auf Judas, den einzigen Nichtgaliläer unter den Zwölfen. Er stammt aus dem judäischen Keriot und zieht sich nach dem Debakel wahrscheinlich wieder dorthin zurück. Seine Abwesenheit befördert eine reiche Legendenbildung, die immer mehr ausufert, wie die widersprüchlichen Beschreibungen seines Todes zeigen. Doch das steht schon auf einem anderen Blatt, das wir gerne überblättern.

Für die Evangelien ist und bleibt er der, der Jesus *übergeben hat.* Dieselbe Formel des (anonymen) Übergebens findet sich bereits in den Leidensankündigungen und wird bis in die Passionserzählungen hinein von allen Evangelisten konsequent durchgehalten. Auch nach der Aktion des Judas wird Jesus noch zweimal übergeben: von den Hohepriestern an Pilatus, und von Pilatus wieder den Juden zur Kreuzigung (die sie gar nicht ausüben durften). Im vierten Evangelium äußerst sich auch Jesus gegenüber Pilatus ausführlich und kryptisch zum Thema (Joh 18,35f; 19,11), und vollendet schließlich selbst seine Übergabe: *er neigte das Haupt und übergab den Geist* (Joh 19,30).

Den »Verräter« Judas hat uns erst Luther beschert. Er war verblendet vom Judenhass seiner Zeit. Doch die unbedarfte Rede vom Verräter verzerrt nicht nur Judas und das Judentum, sondern auch Jesus. Er wird in dieser Betrachtung zum ahnungslosen religiösen Schwärmer, der er niemals war, und zudem werden Phantasien darüber befördert, dass es ohne das Zutun des falschen Freundes Jesu Tod gar nicht gegeben hätte, der sich seinerseits wiederum einen sicheren Höllenplatz erworben habe (wie in Dantes *Divína comédia* oder den Gerichtsbildern der Gotik). Dann beginnen die Absurditäten sich zu überschlagen: Denn einerseits sollen sich die Christgläubigen gerade durch den Tod Jesu erlöst fühlen (während sein Leben und seine Botschaft kaum mehr einen Stellenwert haben), anderseits wollen sie seinen Tod am gemeinen Verräter und dessen Volk als kollektive Gottesmörder unendlich gerächt sehen. (Dass Gott nicht sterben kann, hatte sich offensichtlich noch nicht bis zu ihnen herumgesprochen.)

Die Bibelübersetzungen versuchen seit einiger Zeit zurückzurudern und sprechen entweder bereits klar von »überliefern« (Elberfelder) oder »ausliefern« (Zürcher und EÜ), während die Lutherbibel auf dem »Verräter« beharrt. Das ist unverständlich; denn gerade bei Johannes, der nun Judas wirklich nicht mag, zeigt sich sein historischer Part vielleicht am plausibelsten: Er marschiert mit massivem militärischen Aufgebot zur Verhaftung Jesu auf, letztlich aber ist er reiner Statist und steht *zusammen mit ihnen* (Joh 18,5), also »völlig daneben«. Es gibt auch keinen Judaskuss, weil Jesus ihm zuvorkommt, aus dem Garten tritt und sich durch sein souveränes: *Ich bin* offenbart, was im wahrsten Sinn des Wortes für die Häscher »umwerfend« ist.

Der von den Synoptikern bei dieser Gelegenheit erzählte Judaskuss wurzelt eher in einer späteren kirchlichen Situation, die den *heiligen Kuss* innerhalb der christlichen Gemeinden (Röm 16,16) praktiziert. Wurde dieses intime Erkennungszeichen einer radikalen Gesellschaftsveränderung gelegentlich wieder aufgekündigt, konnte dies nur als Verrat an Jesus selbst verstanden werden.

Übergeben, Übersetzen und Verraten liegen oft recht nahe beisammen, und die richtige Entscheidung ist in der Tat nicht immer leicht. Dasselbe gilt auch für die mündliche Tradition, die älter ist als die Bibel und neben ihr in der katholischen Theologie einen überaus hohen Stellenwert beansprucht. Im Griechischen heißt sie *parádosis,* abgeleitet vom Verb für übergeben, *paradidónai.* Auch die Tradition steht immer wieder vor der Frage, ob sie die Sache mit Jesus noch einigermaßen korrekt und sinngemäß wiedergibt, oder schon verraten hat. Im Fall des Judas ist dies unleugbar passiert. Denn es wurden die eigenen Unsicherheiten und Glaubenszweifel unreflektiert auf das Judentum und Judas übertragen und damit auch der Jude und Mensch Jesus wirklich verraten.

Erst wenn wir Judas wieder seinen Platz unter den Zwölfen voll und ganz zurückgeben, ihn als Jünger Jesu und als kleinen, aber erwähnenswerten Mitspieler in der Heilsgeschichte und Heiligen verehren (unter denen es auch weniger heilige als ihn gibt, wie schon der Blick auf Petrus beweist), werden wir Jesus und das Judentum besser verstehen und schätzen – und auch selbst ein gutes Stück heiler werden.

19

Jesus wollte das Kreuz

Es klingt vielleicht ungewohnt bis provokant, doch das Hochgebet II der katholischen Messe besagt seit dem jüngsten Konzil offiziell, dass Jesus »sich aus freiem Willen dem Leiden unterwarf«. Bildlich vermitteln das bereits die romanischen Kreuze, wenn sie Jesus aufrecht stehend zeigen, sichtlich von Leiden und Tod gelöst. Denn ein toter Körper am Kreuz war und ist theologisch untragbar. Zumindest offene Augen müssen andeuten, dass der Gekreuzigte auch im Tod lebt, dass er, *aus der Erde erhöht, alle* an sich selbst *zieht* (Joh 12,32). Erst die Gotik bildet am Kreuz einzig das Leiden und Sterben Jesu ab und beschreibt damit wohl auch ihr eigenes depressives Lebensgefühl.

Es sind diese Bilder, die bis heute stark nachwirken, so dass es nicht verwunderlich ist, wenn die Freiwilligkeit des Leidens Jesu wenig bewusst ist, obwohl grundsätzlich gilt, dass so wie gebetet wird, auch geglaubt werden soll (*lex orándi – lex credéndi*). Doch auch die Bibeltexte werden häufig unter einer verengten Perspektive gesehen und gedeutet. Dann gilt Jesus nur mehr als Opferlamm in einem von Gott verfügten Leidensdrama (Apg 8,32ff). Als Frage klingt das noch einigermaßen verhalten: *Musste nicht Christus dies leiden?* (Lk 24,26) Es wird auf diese Weise nach einem höheren Sinn im Ganzen gesucht, doch endet dies meist wieder nur in menschlichen, allzu menschlichen Überlegungen, die wir dann ungefiltert Gott zuschreiben.

Auch die aus Getsemani ins Vaterunser übernommene Bitte um das Geschehen des Gotteswillens (Mt 6,10; 26,42; s. 7) versteht sich dann so, dass Gott den Tod Jesu nicht nur wollte, sondern es sogar der Erweis seiner besonderen Liebe sein soll, dass er den *Erst-* oder *Einziggeborenen* »hingab« (obwohl es schlicht *gab* heißt: Joh 3,16), und dieser sich in alles ergeben fügte. Doch dann dient der bis *zum Kreuzestod gehorsame* Jesus (Phil 2,8) absurderweise einer göttlichen Gerechtigkeit, die Bestrafung braucht, um wieder lieben zu können, was das Gottesbild total pervertiert. Es ist also nicht gleichgültig, was und wie wir über Gott denken, denn der immer wieder gepredigte (blinde) Gehorsam als »des Christen Schmuck« öffnete auch dem Missbrauch jeder Art Tür und Tor.

Wir sollten uns mit unseren Überlegungen besser auf Näherliegendes konzentrieren. In einer streng historischen Betrachtung stellt sich das Kreuz um einiges nüchterner dar. Nicht Gott wollte Jesus am Kreuz sterben sehen, das wollten Menschen, vor allem die Hohepriester. Einer davon kommt uns auch außerhalb der schriftlichen Quellen zum Greifen nahe: *Kajaphas* (Mt

26,3), dessen schön verziertes und beschriftetes Ossuar (Beinkiste) wir seit drei Jahrzehnten kennen (mittlerweile kam auch das Ossuar seiner Enkelin Miriam ans Licht). Aber nicht nur die Hohepriester wollten Jesu Tod. Auch Jesus selbst musste sich ab einem gewissen Zeitpunkt des Konfliktes mit dem Gedanken vertraut machen, dass das Kreuz unausweichlich würde.

Jesu Botschaft gründet im Vertrauen auf einen Gott, der Menschen auch mit ihrer Schuld noch aufrecht vor ihm stehen lässt. Nur das mitmenschliche Verzeihen muss in der Konsequenz daraus noch erlernt und geübt werden. Doch gerade an diesem Punkt macht sich seine Botschaft auch verdächtig. Sie stellt indirekt den Tempelkult in Frage, denn das die Verzeihung Gottes vermittelnde Priestertum greift nicht mehr so recht. Das schafft Nervosität. Dabei sind die Hohepriester keine Unmenschen, sie verteidigen ihren Glauben und die Institution eines zentralen Heiligtums und sehen sich gezwungen, zum Wohl des Volkes nötigenfalls auch drastische Wege zu beschreiten. Also müssen sie ein kategorisches Exempel statuieren, um aller Welt zu demonstrieren, dass der Gott Jesu nicht der richtige sein kann.

Jesus aber ist nicht nur fromm, sondern auch ein wachsamer Zeitgenosse, politisch klug, vorausschauend. Er riskiert nicht gleich Kopf und Kragen wie der moralgestrenge Täufer, der sich mit dem Fürsten anlegt und dessen Ehe(bruch) mit der Schwägerin ankreidet (Mt 14,3f). Auch Jesus erspart seinem Landesherrn Herodes

Antipas nicht die Kritik, attackiert ihn öffentlich als *Fuchs* (Lk 13,31f) und stellt ihm geschickt, als Gleichnis verpackt, die Rute des beleidigten Schwiegervaters ins Fenster (Lk 14,31). Der nämlich ist sein östlicher Nachbar, der mächtige Nabatäerkönig Aretas IV., der seine verschmähte Tochter entsprechend rächen würde. (Und sein gut geplanter Feldzug fiel einige Jahre später in der Tat so vernichtend aus, dass die Römer ihrem Vasallen zu Hilfe eilen mussten.)

Jesus gibt keinen Moralapostel, er konzentriert sich auf das Gottesbild. *Er isst mit Zöllnern, Zöllnerinnen und Sündigen,* was Fragen seitens der Frommen aufwirft (Mt 9,11), den von ihnen Verachteten jedoch die Liebe Gottes spürbar nahebringt. Sein Gott ist nicht nur gütig, sondern grenzenlos gastfreundlich, während der Kult genaue Regeln und Opferriten vorschreibt, bevor das göttliche Erbarmen ausgerufen werden kann. Das ist der eigentliche Konfliktpunkt. Deswegen stellt das Johannesevangelium auch die großangelegte Tempelreinigung gleich an den Beginn des öffentlichen Wirkens (Joh 2), obwohl sie historisch erst an dessen Ende, und auch da nur als relativ bescheidene prophetische Aktion plausibel wird (Mk 11,16ff par).

Das Leiden Jesu ist keine Katastrophe, die völlig unvorhergesehen hereingebrochen wäre. Vielmehr machen die Evangelien in den Leidensankündigungen wiederholt deutlich, dass Jesus genau weiß, was ihn erwartet, und dass es nicht nur ein Weg in den Abgrund sein würde, sondern dabei *die Tage seiner Aufnahme* (in den Himmel) *erfüllt* werden. So jedenfalls beschreibt es Lukas zu Beginn seines großen Reiseberichtes, wonach Jesus *das Angesicht härtete, um nach Jerusalem zu gehen* (Lk 9,51). Petrus, der sich ihm dabei scheltend in den Weg stellt, bekommt es in derselben Tonart retour: *Geh hinter mich, Satan, denn du denkst nicht die Sache Gottes, sondern die der Menschen* (Mk 8,33). Bis zuletzt zeigen alle Evangelien, dass Jesus mit dem sorgsam geplanten Einzug in Jerusalem und der Vorbereitung des letzten Mahles deutlich selbst Regie führt und keineswegs einer fremdgestellten Falle zum Opfer fällt. Wir müssen uns also vom Bild des Verräters Judas endgültig verabschieden (s. 18).

Das alles heißt nun nicht, dass Jesus lebensmüde gewesen wäre und einen verdeckten Selbstmord mit öffentlicher Beihilfe geplant hätte. Er ist gesund, führt ein glückliches Leben in Gottes- und Nächstenliebe, aber er weiß ebenso, dass ein gewaltsamer Tod unausweichlich ist, wenn er seinen Glauben vor aller Welt unter Beweis stellt. Dass jedoch sein ganzer Lebenswille sich dagegen vehement aufbäumen musste, reflektieren die Getsemaniszenen aller drei Evangelien (s. 7), und auch das vierte Evangelium spricht schon vorher von der schweren Erschütterung der Seele Jesu (Joh 12,27).

Andererseits: Wir hätten keine Bergpredigt, keine Seligpreisungen, kein Vaterunser usw., wenn Jesus vor dem Kreuz zurückgewichen wäre. So aber ist er trotz aller Ängste und Glaubenszweifel standhaft geblieben, obwohl er bis zum letzten Moment hätte fliehen können. Es wäre nur ein kurzer Weg von Getsemani über den Ölberg gewesen und er hätte unbehelligt verschwinden können – wollte er aber nicht.

Das Drama des Kreuzes wurde also von beiden Seiten gleichermaßen konsequent betrieben. Die dahinter stehende Logik ist jedoch nur wenig bekannt, weil die traditionellen Überlegungen zum Tod Jesu fast ausschließlich um Schuld und Sühne kreisen. Doch beide Parteien verfolgen dasselbe Ziel. Die Hohepriester wollen Jesus nicht einfach als unbequemen Störenfried still aus der Welt schaffen, meucheln oder steinigen, sie wollen ihn am Kreuz sterben sehen, um damit aller Welt zu beweisen, dass sein (opferloser) Gott nicht der richtige sein kann. Denn nach damaliger Einschätzung war *jeder am Holz Hängende von Gott verflucht* (Dtn 21,23).

Besagte Bibelstelle bezieht sich zwar ursprünglich gar nicht auf die Kreuzigung, sondern darauf, dass ein (auf andere Weise) Hingerichteter nicht über Nacht am Pfahl, auf dem die Urteilsvollstreckung amtlich dokumentiert wird, hängen bleiben darf, sondern noch am selben Tag begraben werden muss. Das Judentum zur Zeit Jesu jedoch deutete diesen Text auf die Kreuzigung, die es als so schmählich erlebte, dass sie Gottes Fluch tragen muss, wird sie doch in der Regel, und für das Judentum besonders entehrend, nackt vollstreckt, werden die Todesqualen durch ein Sitzbrett möglichst in die Länge gezogen, oft sogar die Abnahme des Leichnams und das Begräbnis verweigert usw. (Was wohl mit ein Grund sein mag, dass wir nur einen einzigen archäologischen Beleg für die unzähligen Kreuzigungen haben, aber den ausgerechnet in Jerusalem, eine Generation nach Jesus). So etwas Schändliches kann wohl nie und nimmer gottgefällig sein!

Auch Jesus teilt diese kulturellen Einschätzungen, aber er will damit das Gegenteil beweisen: Dass Gott ihn nicht verflucht, sondern zu ihm hält, ihn hält, erhebt, auferweckt oder wie immer wir die ultimative Hilfe Gottes beschreiben wollen. Doch auch dabei haben wir ein Problem. Wir sehen Jesus meist nur in Schmerz, Verzweiflung und Gottesferne versinken, während wir die Hilfe Gottes an ihm erst stark zeitverzögert in einer Auferstehung nach drei Tagen verorten. Nein: Gott hält dem Gekreuzigten bereits am Kreuz die Hand, so wie er das ganze Leben zu ihm gehalten hat. Das bedeutet: Jesus hat sich auch in der größten Gottesferne und Verzweiflung an niemand anderen gewandt als an Gott, womit er uns verlässlich versicherte, dass auch wir mit seinem Gott *Mauern überspringen* können (Ps 18,30).

Die europäische Theologie hat das freilich lange völlig anders gesehen. Sie hat sich ganz auf seinen wortlosen *lauten Schrei* (Mk 15,37) konzentriert bzw. auf das Psalmzitat: *Mein Gott, mein Gott, warum hast du mich verlassen?* (Ps 22,2/Mk 15,34), aber zu wenig beachtet, dass gerade dieser Psalm mit dem überschwänglichen Dank für die Hilfe Gottes endet. Nur: Was in Jesus und seinen Gebeten (auch in Getsemani) bis zuletzt wirklich vor sich ging, wissen weder die Evangelien noch wir. Aber sie bieten uns Sinndeutungen an, z. B. dass auch im äußersten Leiden die Vergebungsbitte gültig bleibt (Lk 23,34). Es könnte auch für uns einen neuen Umgang mit Sterben und Tod bedeuten, wenn wir von der endgültigen Selbstübergabe Jesu hören: *Er neigte das Haupt und übergab seinen Geist* (Joh 19,30; bei Lk 23,46 als Zitat von Ps 31,6). Die Art und Weise, wie Jesus den schmählichsten Tod in der damaligen Welt bestand, gibt uns Hoffnung, dass wir im Sterben nicht untergehen: Es ist der eine und derselbe Gott, der alle seine Geschöpfe auch und gerade im Tod nicht allein oder fallen lässt. Dieses Vertrauen könnten wir von Jesus lernen.

20

Sein Blut auf uns! (Mt 27,25)

Selten hat ein Satz so viel Unheil gestiftet wie jener, wo im Prozess Jesu vor Pilatus das ganze Volk sagt: *Sein Blut auf uns und unsere Kinder!* Er hat Jahrhunderte dazu gedient, nicht nur die anwesenden Zeitzeugen und Zeitzeuginnen, sondern das ganze jüdische Volk, und zwar für ewige Zeiten, für den Tod Jesu schuldig zu sprechen. Außerdem habe es sich ja selbst die immerwährende Rache zuzuschreiben: »Sein Blut *komme über* uns und unsere Kinder.« Nur: Im Bibeltext steht nichts von einem Kommen, der Satz hat gar kein Verb. Auch ist die griechische Präposition *epí* hier wohl besser mit ›auf‹ als mit ›über‹ zu übersetzen, wie noch zu zeigen sein wird. Nicht genug der Verirrungen: Da es sich bei Jesus um den Gottes*sohn* handle (was immer das auch bedeutet), verdienen die Gottes*mörder* unendliche Rache seitens der Christen und Christinnen, obwohl diese sich gerade durch Jesu Tod erlöst glauben. Und so verkehrte sich die Heilsgeschichte in eine Geschichte entsetzlichsten Unheils, denn die Schoah wurde fast ausschließlich von getauften Christen und Christinnen exekutiert.

Sie haben die Bibel gründlich missverstanden und missbraucht, nicht nur an dieser Stelle. Denn hätte Matthäus ihren Judenhass wirklich geteilt, er hätte keinen Platz in der Bibel finden dürfen bzw. wäre zumindest nach dem Holocaust definitiv daraus zu entfernen, weil er Jesus nicht verstanden und dessen Vergebungsbitte nicht befolgt hätte. Doch dürfen wir ihn nicht verurteilen, ohne ihn selbst zur Anklage Stellung nehmen zu lassen (Apg 25,16).

Vorweg: Matthäus konnte schon deswegen gar keine Schuldfragen wälzen, weil er davon überzeugt war, dass Jesus freiwillig ins Leiden ging, und nicht ahnungslos in eine verdeckte Falle schlitterte; sonst hätten sich alle Evangelien den Bericht über den sorgfältig geplanten Einzug in Jerusalem und die Vorbereitung des letzten Mahles sparen können. Auch bieten sie keine Gedächtnisprotokolle oder Prozessakten des Verfahrens (weswegen seine offizielle Wiederaufnahme heute wenig Sinn macht), sondern sie suchen für sich und ihre Gemeinden den tieferen Sinn des Leidens Jesu zu ergründen. Der Judenchrist Matthäus bezieht seine Inspiration dabei vor allem aus der zentralen Liturgie des biblischen Versöhnungstages (*Jom-Kippur* nach Lev 16), deren schuldentlastende Symbolik er in die Passion Jesu einbringt.

Also nimmt Pilatus sich mit der Händewaschung aus dem Geschehen zurück und kündigt Größeres an: *Ihr werdet sehen!* (Mt 27,24). Was die EÜ jedoch weiterhin ziemlich banal mit: »Das ist eure Sache!« wiedergibt. Daraufhin *antwortete das ganze Volk und sagte: Sein Blut auf uns und unsere Kinder!* Die Anspielung an die Versöhnungsliturgie ist unüberhörbar. Dort spritzt der Hohepriester *mit seinem Finger* einige Tropfen Blut *auf* (*epí*) die »Sühneplatte« (EÜ; Lutherbibel: »Gnadenstuhl«) der Bundeslade und *auf* die Hörner des Altars, und zwar siebenmal, um mit diesem Ritus anzudeuten, dass Gott sich auch und gerade nach dem jährlichen Sündenbekenntnis nicht abwendet, sondern die Schuld gnädig *zudeckt* (*kaphár* bzw. intensiv *kippér*) –, was übrigens auch ohne die Bundeslade funktioniert, denn die ist bereits über 600 Jahre verschollen und nie mehr ersetzt worden.

Das Allerheiligste war also zur Zeit Jesu schon längst leer bis auf einen Stein. Denn die Gegenwart Gottes braucht keine Gegenstände, um in ihnen präsent zu werden, höchstens wir müssen uns seine Präsenz irgendwie anschaulich machen (den Katholikinnen und Katholiken dient dabei meist die Hostie als »Vergrößerungsglas«). Der alte Orient erkennt die Gegenwart Gottes am ehesten im Blut, das als der Sitz des Lebens (Lev 17,11.14) auch seinen Geber sinnenfällig »repräsentiert«, während kältere Regionen eher den Atem als deutlichstes Lebenszeichen erleben und mit Gott in Verbindung bringen.

Der biblische Blutritus jedoch war und blieb dem Abendland fremd, weswegen dort auch die größten Missverständnisse entstehen. Der Westen denkt bei Blut sofort an Opfer und Strafe und möchte Ströme davon fließen sehen, um seine Gottheiten zu besänftigen. Der biblischen Versöhnungsliturgie dagegen genügt schon das minimalste Versprengen von Blut, um sich der gnädigen Gegenwart Gottes zu versichern. Gott freilich bedarf all dessen nicht. Aber wir suchen Zeichen, die in eine bestimmte Richtung weisen. Nur dürfen wir diese nicht mit der unsichtbaren göttlichen Wirklichkeit verwechseln, sonst geraten wir rasch zur Magie.

Die antijüdische Polemik kümmerte sich nicht um irgendwelche tiefere Zusammenhänge, sondern suchte nur ihre maßlosen Aggressionen zu verschleiern. Sie hatte keine Bedenken dahingehend, wie denn auch nur ein Bruchteil des jüdischen Volkes beim Prozess Jesu hätte anwesend sein können oder wie ein verständlicher Dialog zwischen Pilatus und einer riesigen Menschenmenge hätte stattfinden sollen. Sie wollte nur die Schuld am Tod Jesu auf das jüdische Volk abwälzen und damit den Freibrief zu dessen ewiger Bestrafung fälschen. Doch man hat Matthäus weder gelesen noch irgendetwas von ihm verstehen wollen.

Schon in der Kindheitsgeschichte erklärt ein Engel des Herrn Josef im Traum: *Du wirst seinen Namen Jesus nennen. Denn er wird sein Volk von ihren Sünden retten/erlösen* (Mt 1,21). Bereits der Name Jesus ist Programm und Leitmotiv des ganzen Evangeliums: Er ist der Erlöser, der Retter, vor allem seines Volkes Israel. Dieses Motiv liegt auch dem Abendmahl zugrunde, wenn Jesus im engsten Freundeskreis mit dem symbolträchtigen »*Bluts*becher« (Rotwein gilt als Trauben*blut*) die *Vergebung der Sünden vieler* (sprich: aller) ankündigt (Mt 26,28). Noch vor Beginn des Kreuzweges und dem Höhepunkt des Dramas auf Golgota wird die Sündenvergebung ausdrücklich für das *ganze* Volk angesagt bzw. von diesem bestätigt. Denn nicht mehr Altäre und heilige Gegenstände werden auf diese Weise »entsühnt«, sondern die Menschen selbst, unmittelbar, körperlich. So akklamiert (virtuell) das ganze Volk im Chorschluss das allerlösende Blut Jesu, und zwar auf Generationen hinaus.

Die herausragende Bedeutung der Versöhnungsliturgie für das Judentum lässt sich übrigens auch aus dem Umstand ersehen, dass bereits die Hasmonäer (Makkabäer), aber dann auch Herodes und die Römer sich die Loyalität des Volkes allein schon dadurch sichern konnten, dass sie den für die Liturgie benötigten Ornat des Hohepriesters in der Tempelburg Antonia unter Verschluss hielten und nur bei Wohlverhalten herausgaben. (Erst einige Jahre nach Jesu Tod wurde er samt dem Brustschild mit den zwölf Edelsteinen direkt an den Tempel zurückgegeben.) Die Maßnahme wirkte als massive Erpressung mit dem Seelenheil, obwohl der Hohepriester diese ganze Pracht nur vor dem Volk zur Schau trug, das Allerheiligste hingegen in einfachen weißen Priesterkleidern betrat (und dabei das einzige Mal im Jahr auch den Gottesnamen aussprach, ohne sein Leben zu verwirken).

Doch das alles war zur Zeit, als das Matthäusevangelium entstand, bereits Geschichte, denn Jerusalem und der Tempel waren zerstört. Für die Judenchristinnen und Judenchristen jedoch bestand kein Gnadenvakuum, sie sollten vielmehr im Kreuzestod Jesu das endgültige Zeichen der bedingungslosen Zuwendung Gottes, wie sie Jesus geglaubt hat, erkennen. (Der Hebräerbrief führt diese Idee weiter aus und deutet in einem paradoxen Rollentausch sogar Jesus selbst als den wahren Hohepriester, der die gnädige Gottespräsenz *durch sein eigenes Blut … ein für alle Mal* bestätigt: Hebr 9,12.)

Las die EÜ 1980 noch bedenkenlos: »Sein Blut komme über uns und unsere Kinder«, hat die Revision jetzt auf: »Sein Blut – über uns und unsere Kinder!« abgemildert, indem sie das bisher unterschobene Verb endlich aus dem Verkehr zog. Doch auch das »über uns …« bleibt nach seiner katastrophalen Wirkungsgeschichte zu vage, wenn es keinen Bezug zur Versöhnungsliturgie herstellt und weiterhin Phantasien in Richtung jüdischer Selbstverfluchung erlaubt bzw. befeuert. »Auf uns …« wäre sinnvoller, angemessener. Die EÜ-Revision war da zu wenig konsequent. Auch in der Apostelgeschichte lässt sie, unbeeindruckt von der eigenen Korrektur in der Passionserzählung, Paulus in Korinth weiterhin sagen: »Euer Blut *komme* über euer Haupt« (Apg 18,6; Hervorhebung von mir).

Zwar hat die matthäische Leidensgeschichte in der aktuellen EÜ bemerkenswerte Verbesserungen erfahren, z. B. beim Beben und Erbeben der Stadt beim Einzug und Tod Jesu (Mt 21,10; 27,51), jedoch besteht weiterhin Revisionsbedarf. Denn dass das ganze Volk an dieser Stelle »gerufen« hätte, wie schon die erste EÜ glaubte, davon kann keine Rede sein, sondern es heißt völlig neutral: *das ganze*

Volk antwortete und sagte. Zwar ist unmittelbar zuvor von noch lauterem Rufen und größerem Lärm die Rede (Mt 27,23f), doch sollte gerade bei unserem folgenschweren Satz jede Vorstellung einer modernen Massenhysterie vermieden werden. Matthäus versteht den Satz vielmehr als liturgische Akklamation, in der ganz Israel sich durch das Blut Jesu von den Sünden erlöst bekennen darf.

Die Lutherbibel 2017 hält weiterhin fest: »Sein Blut komme über uns und unsere Kinder!«, versucht jedoch in der Einleitung anzudeuten, dass hier nicht das *ganze* jüdische Volk gemeint sein kann und liest stattdessen: »Da antwortete *alles* (Hervorhebung von mir) Volk und sprach.« Ob freilich dieser zarte Wink auch wahr- und angenommen wird, bleibt abzuwarten, denn der Rest verbleibt bei Luthers Wortlaut und Judenfeindlichkeit. Als Vorzug gegenüber der revidierten EÜ sei jedoch angemerkt, dass die Lutherbibel dabei jede Vorstellung von Geschrei unterlässt.

Zwischenbilanz: Die Kirchen sind in Fragen der Bibelübersetzung gegenüber dem Judentum sensibler geworden, und die Früchte sind, vor allem in der Neufassung von Römer 9–11 in der EÜ Revision dank des Tübinger Neutestamentlers Michael Theobald, deutlich zu sehen. Doch insgesamt liegt noch ein weiter Weg vor uns. Denn wenn wir dem Geist Jesu und der Evangelien wirklich vertrauten, brauchten wir weder den »Verräter« Judas, noch die Hohepriester oder das jüdische Volk insgesamt (bzw. wie zuletzt: nur einen Teil davon) weiterhin als Sündenböcke. Sie alle sind aus der Sicht des Neuen Testaments mehr oder weniger aktive Mitspieler bzw. Statistinnen und Statisten in einem Geschehen, das sie (und auch wir) wohl nie wirklich durchschauen. Geht es doch darum, dass Gott immer zu unserem Heil wirkt, auch wenn wir etliches davon lieber anders einfädeln würden bzw. den tieferen Sinn des Ganzen oft erst viel später oder nie ganz durchschauen.

Jedoch darf keine Bibelübersetzung oder Auslegung das Judentum weiterhin als Kontrastfolie missbrauchen und gleichzeitig dessen Positiva für sich (allein) reklamieren wollen. Die Christinnen und Christen treten nicht das Erbe Israels an. Sie sind am Ölbaum Israel aufgepfropft (Röm 11) und können nur aus den jüdischen Wurzeln heraus leben und Frucht tragen. Und noch viel zu wenig wird selbst in der Fachwelt gewürdigt, dass die vermeintlich judenfeindlichen Texte des Neuen Testaments samt und sonders innerjüdische Dispute darstellen, und zwischen Geschwistern naturgegeben emotionaler formuliert wird bzw. nicht unbedingt abgeklärte Abhandlungen zu erwarten sind. Würden wir jedoch als Heidenchrist/inn/en mit diesen Texten gegen das Judentum agieren, hätten wir die Sache Jesu noch nicht wirklich begriffen.

21

»Legion« (Mk 5,9)

Sie ist die mit Abstand abenteuerlichste Geschichte im ganzen Neuen Testament: Da stürmt eine Schweineherde von 2.000 Exemplaren den Abhang hinunter und ersäuft im Meer. Das soll ein Wunder Jesu sein? Geht es nicht auch ohne solche Kollateralschäden?!

Eines ist klar: Mit dem Meer ist das *Meer von Galiläa* gemeint, wie der See Gennesaret schon zu Beginn des Evangeliums eingeführt wird (Mk 1,16). Doch spielt die Geschichte zudem *im Land der Gerasener,* und das ist ungefähr 50 km vom Ostufer des Sees entfernt (und als Jerash ob seiner antiken Pracht Jordanienreisenden wohlbekannt). Aber in dieser orientalisch-biblischen Symbolgeschichte gelten andere Spielregeln, und da dürfte bereits die Wortbedeutung von *garaš* eine Rolle spielen, bedeutet es ja nichts anderes als ›vertreiben‹, was die Geschichte dann näher ausmalt. Auch der dritte Evangelist erwähnt den Ort (Lk 8,26), während Matthäus die Erzählung nach *Gádara* verlegt, das nur 10 km entfernt ist (Mt 8,28), was allerdings die Sache mit dem Schweinsgalopp auch nicht wesentlich entschärft.

Zusätzlich bietet Matthäus die Besonderheit, dass es sich bei ihm um *zwei Dämonisierte* handelt, während es bei Markus und Lukas nur einer ist. Doch auch das ergibt einen Sinn, denn Markus spricht nicht von irgendeinem bedauernswerten Einzelfall, sondern vom *Menschen* schlechthin. Also kann Matthäus ihn ruhig verdoppeln, denn gleich und gleich gesellt sich gern. (Dasselbe macht er übrigens auch mit dem Blinden von *Betsaida* bzw. mit *Bartimäus vor Jericho*: Mk 8,22; 10,46 par Mt 9,27; 20,30.) Denn für gewöhnlich wählen wir unsere Freunde und Freundinnen mit genau denselben blinden Flecken wie wir, weil wir uns damit vor unliebsamen Erkenntnissen geschützt fühlen.

Der bedauernswerte Mensch *in/mit dem unreinen Geist* haust in Gräbern, sprengt alle Fesseln an Händen und Füßen, niemand kann ihn binden oder zähmen. Er schreit Tag und Nacht in den Gräbern und auf den Bergen und schlägt sich selbst mit Steinen nieder. Drastischer lässt sich Selbstzerstörung nicht beschreiben. Er sieht Jesus schon von Ferne, läuft zu ihm, betet ihn an und schreit mit lauter Stimme:

> *Was mir und dir* [klingt abweisend], *Jesus, Sohn des höchsten Gottes? Ich beschwöre dich bei Gott: Quäle mich nicht. Jesus nämlich sagte zu ihm: Geh heraus, unreiner Geist, aus dem Menschen. Und er fragte ihn: Was ist dein Name? Er sagt ihm: Legion ist mein Name, denn*

wir sind viele. Und er bat ihn viel, dass er sie nicht wegschicke außerhalb des Landes. (Mk 5,7–10)

Hier fließen verschiedene Sichtweisen ineinander: Einerseits ist vom *Menschen im unreinen Geist* die Rede und dann wieder von *vielen* (Geistern). Sie besitzen offenbar die Fähigkeit, die Qualität Jesu zu erkennen und fühlen sich von ihm bedroht. Eigentlich *beschwören sie* ihn *bei Gott.* Dabei ist wörtlich von ›exorzistisch tätig sein‹ die Rede, was die Geschichte völlig auf den Kopf stellt. Und sie schlagen einen Handel vor, wozu sich die große Schweineherde anbietet, die dort am Berg weidet. Sie möchten in diese geschickt werden. Was Jesus *erlaubt.* Die Folge: Die aus dem Menschen herausgehenden Geister gehen in die Schweine hinein, und die Herde stürmt über den Abhang ins Meer, *ungefähr 2000 und sie erstickten/erwürgten sich in dem Meer* (Mk 5,11ff).

Lukas (8,26–39) erzählt die Geschichte so: Bei ihm ist es *irgendein Mann aus der Stadt,* der *Dämonen* (*daimónia*) – wörtlich: *Dämönchenartige(s)* – *hat,* und deswegen schon lange unbekleidet nicht im Haus, sondern in den Gräbern blieb usw. Auch er erkennt Jesus als Gottessohn und bittet, ihn nicht zu quälen. Doch Jesus befiehlt *dem unreinen Geist,* von diesem Menschen herauszugehen, wobei nochmals seine Leidensgeschichte eingeblendet wird, Jesus seinen Namen erfragt und er sich wie bei Markus mit dem Namen ›Legion‹ vorstellt, *weil viele Dämönchenartige in ihn hineingegangen waren.* Diese bitten Jesus, dass er sie nicht gleich in *den Abgrund/die Unterwelt* (*ábyssos*) schicke, sondern ihnen stattdessen die Schweineherde als neues Domizil gestatte, wonach *die Herde* den Abhang hinunter ins Wasser stürzt und *erwürgt/erstickt wurde.* Und zuletzt sitzt der zuvor Dämonisierte *bekleidet und vernünftig zu Jesu Füßen* und möchte ihm nachfolgen, wird aber von ihm in sein Haus zurückgeschickt mit dem Auftrag, das Geschehene zu verkünden.

Bei Matthäus (8,28–34) sind es wie gesagt *zwei Dämonisierte,* die in den Gräbern hausen und so gefährlich sind, dass niemand am Weg vorbeigehen kann. Auch sie erkennen Jesus als Gottessohn und wollen *nicht vor der Zeit* von ihm gequält werden. Also bitten *die Dämonen* (*daímones*), dass sie, wenn sie herausgehen, in die Schweine hineingeschickt werden. Es ist hier übrigens das einzige Mal, dass im Neuen Testament von (personifizierten) Dämonen die Rede ist, denn sonst werden sie immer mit dem (verkleinernden) Adjektiv *daimónion,* und das meist noch in der Mehrzahl beschrieben, was eine zurückhaltende Ausdrucksweise darstellt und ihr eigentliches Wesen offen lässt, weil eben nichts anderes als »Dämönchenartiges« dahintersteht! Gemeint sind so etwas wie kleine, eigentlich göttliche Eigenschaften, die auf- und abgespalten nichts Gutes bedeuten (womit wir vom sokratischen *daimónion* weit entfernt sind).

Die Geschichte endet in allen drei Versionen damit, dass die Schweinehirten den Vorfall in der Stadt melden und Jesus ausdrücklich gebeten wird, das Gebiet zu verlassen. Aber wir können so mit ihm noch nicht beruhigt weiterziehen. Zwar bringen die bösen Geister selbst die

Idee vor in die Schweine fahren zu wollen, aber Jesus hätte sich dabei jedoch mitschuldig gemacht. Denn die Vernichtung der Lebensgrundlage einer ganzen Stadtbevölkerung, die sich nicht an jüdische Speisevorschriften gebunden fühlt, wäre in der Tat unverzeihlich. Also können wir die Geschichte nicht leichthin als Protokoll einer tatsächlich so stattgefundenen Heilung lesen, ohne auch unseren Heiler Jesus schwer zu diskreditieren.

Es gibt jedoch auch Signale im Text, die uns eine andere Fährte weisen. So wird das Ende der Schweineherde mit dem Ausdruck *›erwürgen/ersticken‹* (*pnígō*) beschrieben (Mk 5,13; Lk 8,33), der auch in den jüdischen Speisegesetzen vorkommt: Im sogenannten Aposteldekret wird das *Erwürgte/Erstickte* (*pniktós*: Apg 15,20), also nicht geschächtetes Fleisch, als ein auch von Heidenchristen und Heidenchristinnen einzuhaltendes Tabu genannt, das die Einheit der Kirche aus dem Judentum und den Heiden gewährleisten soll. Wenn wir diesen kultischen Zusammenhang einbeziehen, dann erahnen wir vielleicht auch den »Heidenspaß«, den ein judenchristlicher Erzähler haben konnte, eine so große Menge, noch dazu doppelt unkoscheres (weil ersticktes) Schweinefleisch von Jesus entsorgt zu fabulieren. Auch spricht einiges dafür, dass die Zahlenangabe erst später hinzugefügt wurde, denn Matthäus und Lukas haben sie jedenfalls nicht aus Markus übernommen bzw. sie ist erst nachträglich hineingekommen.

Was die Dämonenaustreibungen angeht ist bereits im Neuen Testament eine widersprüchliche Tendenz bemerkbar. Einerseits scheint es eine sehr alte, wenn nicht die älteste Form zu sein, über Heilungen Jesu zu berichten; vielleicht spiegelt sie sogar das ursprüngliche Selbstverständnis Jesu wider, wonach er mit dem *Finger Gottes die Dämönchenartigen* hinauswirft (Lk 11,20). Anderseits wird diese Gattung der Wundererzählung schon von Matthäus wieder möglichst zurückgedrängt, und für Johannes ist sie schlechterdings undenkbar, denn der johanneische Jesus schlägt sich nicht mit so kleinkarierten Geistern herum. Doch auch die Bergpredigt meint skeptisch, dass Dämonenaustreibungen im Namen Jesu noch nicht das Heil der Austreibenden garantieren (Mt 7,22). Nachdenklich muss auch das Jesusgleichnis *vom unreinen Geist* stimmen, der nach seinem Weggang *mit sieben anderen böseren als er selbst* zurückkommt *und das Letzte jenes Menschen schlechter wird als das Erste* (Mt 12,43ff). All das klingt nicht gerade wie eine Einladung an die Kirche, sich heute noch mit antiken Rezepturen zu versuchen.

Unsere Geschichte verfolgt offenbar ein anderes, sehr pointiertes Ziel. Des Rätsels Lösung liegt höchstwahrscheinlich beim Stichwort »Legion«, jener Größe also, in der das römische Militär seine Stärke bemaß. Nicht ohne Grund ist hier auch das einzige Mal von Dämonen in der personalisierten Form die Rede, womit wir auch den wahren dämonischen Kräften näher kommen: sie wirken in und aus den Menschen heraus. Nun war zwar in Jerusalem seit der Provinzwerdung Judäas im Jahr 6 n. Chr. keine Legion als Garnison vonnöten (jüdische Rebellionsgelüste ließen sich auch mit subtileren Maßnahmen wie dem hohepriesterlichen Ornat in Zaum halten; s. 20). Erst mit dem Aufstand ab dem Jahr 66 und der Zerstörung Jerusalems im Jahr 70 wollte Rom kein weiteres Risiko mehr eingehen und stationierte seine Legio X. (*décima*) fest vor Ort am Ölberg.

Aus der modernen Feldforschung wissen wir zudem, dass das Phänomen individueller wie kollektiver Besessenheit häufig mit andauernder Unterdrückung jeder Art, sei es politisch, sozial, ökonomisch, religiös, sexuell usw. einhergeht. Wenn zur Zeit Jesu die Besessenheit in Israel so epidemisch auftritt wie die biblischen Texte zu belegen scheinen, ist dies auch ein Indiz dafür, was die Römerherrschaft alles an körperlichem und seelischem Leid verursachte. Das Markusevangelium, das in den letzten Jahren des Aufstands entstanden ist, scheint also mit der Nennung der Legion auf die massive militärische Unterdrückung durch Rom anzuspielen und antwortet mit einer verschlüsselten, höchst subversiven Undercover-Botschaft: »Ihr (unreinen) Römer, ab ins Meer! Geht dorthin, wo ihr herkommt und hingehört!« Gemeint ist in diesem Fall natürlich nicht der See Gennesaret, sondern das Mittelmeer, »unser Meer« wie die Römer sagen (und die zehnte Legion, die *Freténsis*, bringt ihren Namen ebenfalls von der Meeresstraße von Messina mit).

Das alles ist natürlich beinharter Witz, aber die militärisch-kriegerische Unterdrückung ist auch keine Kleinigkeit. So sind Humor, Ironie und Sarkasmus oft noch die einzige Möglichkeit, inneren Widerstand in aussichtsloser Lage zu artikulieren. Das sollten wir auch den biblischen Schriften zugestehen. Denn die erzählten Bilder wirken, auch wenn sie keine Fotoreportagen von tatsächlichen Geschehnissen sind.

Die biblischen Dämonenaustreibungen entstammen zwar einem anderen Weltbild als heute, aktuell sind sie dennoch. Denn auch wir kennen das zugrunde liegende Phänomen nur zu gut: Betroffene Menschen fühlen sich, durch welche Umstände auch immer, fremdbestimmt, mehr tot als lebendig, können nicht ihr eigenes Leben gestalten, hausen unter unwürdigsten Bedingungen, und das oft schon über Generationen hinweg. Therapie oder Analyse können vielleicht die Ursachen benennen, aber kaum etwas verändern, denn eine Gesellschaft, die solche Formen seelischer und geistiger Erkrankung produziert, ist selbst krank und delegiert die Symptome nur an ihre schwächsten Mitglieder. Es braucht nicht nur intensive medizinische und psychosoziale Betreuung, sondern auch strukturelle Veränderungen, die die eigentlichen Ursachen des Leids beseitigen. Jesus ist ihm nicht ausgewichen, vielmehr schienen sich Betroffene ganz besonders zu ihm hingezogen gefühlt zu haben. Er konnte immer wieder Menschen heilen, obwohl gerade die Besessenheit auch ihm einen großen persönlichen Einsatz abverlangte. Nicht umsonst ist dabei öfters sogar von seinem *Schelten* die Rede (Mk 9,25).

Bei allem Witz, der in unserer Erzählung steckt, das Ende der Schweine ist wohl auch ein bitterernster Hinweis dahingehend, dass Probleme nicht einfach von einem zum anderen verschoben werden dürfen. Denn die in unserer Fabel weidenden Tiere sind heute ja nicht bloß in halber Legionsstärke die Leidtragenden unseres immensen Fleischkonsums, sondern werden milliardenfach und industriell unseren eigenen bösen Geistern hingeopfert. Die Heilung von dieser kollektiven Besessenheit ist wohl eine der Hauptaufgaben jesuanischer Heiltätigkeit und Spiritualität heute. Es würde uns allen sichtlich besser gehen, wenn Tiere nicht mehr so viel leiden müssen, wir ihren totalen Lebensfrust und die Todesangst nicht mehr länger in uns hineinessen, sondern achtsam mit jedem lebenden Wesen umgehen.

22

Brotvermehrung?

Nicht nur Übersetzungen können missverständlich sein, auch die von den Herausgebern in den Text eingetragenen Zwischenüberschriften können irreleiten. Ein beredtes Beispiel dafür ist der gängige Ausdruck Brotvermehrung: Da werden nach einer von allen Evangelien erzählten Geschichte von nur *fünf Broten und zwei Fischen* 5.000 satt (Mk 6,35–44 parr; Joh 6,1–15), sogar *ohne Frauen und Kinder* bzw. nur die *Männer* gerechnet (Mt 14,21; Lk 9,14). Wie aber die anschließende Erzählung vom Seesturm mit der Furcht der Jüngerinnen und Jünger zeigt, *hatten sie über den Broten nicht begriffen, sondern ihr Herz war verhärtet* (Mk 6,52), weswegen die ganze Sache auch nicht zu einfach gewesen sein kann. So kommt wenig später bei Matthäus und Markus dasselbe Motiv noch ein weiteres Mal, nur jetzt mit *sieben Broten* und *wenigen Fischlein*, womit 4.000 gesättigt werden (Mk 8,1–9; bei Mt 15,38 wieder nur *Männer*). Doch wozu überhaupt diese Verdoppelung?

Die Zahlen und ihre Variationen erscheinen uns vielleicht nebensächlich, aber auch darin stecken Botschaften: Die fünf Brote haben jedenfalls einen deutlichen Bezug zu den 5.000 Gesättigten, zusammen mit den zwei Fischen addieren sie die irdische Vier und die göttliche Drei zur heiligen Sieben, und übrig bleiben *zwölf Körbe,* womit sich die Vier mit der Drei multipliziert hat. In der zweiten Geschichte sind *sieben Brote* die Ausgangsbasis, die *wenigen kleinen Fische* sind eher zu vernachlässigen. Doch was übrig bleibt, füllt wieder sieben Körbe voll, liegt also weit über der Ausgangsmenge. Das ist göttliche Fülle, obwohl die einzig bei Johannes genannten *Gerstenbrote* (Joh 6,9.13) eher das Brot der Armen sind (die Reichen bevorzugten Weizen; er galt als nahrhafter).

Unser landläufiges Verständnis geht meist davon aus, dass ein Brotwunder stattgefunden haben müsse und Jesus aufgrund seiner göttlichen »Natur« in der Lage gewesen wäre, ein oder zweimal eine große Menschenmenge mit besonderen Künsten zu beeindrucken. Doch wenn wir ihm das wirklich zutrauten, sprächen wir ihn gleichzeitig schuldig, wenn tagtäglich Menschen und vor allem Kinder an Hunger sterben und er nicht von seinen Fähigkeiten Gebrauch machte. So also kann es nicht gewesen sein.

Um wirklich zu verstehen, können wir gar nicht banal genug ansetzen, denn erst dann kann das eigentliche Wunder wirklich aufstrahlen. Doch nicht Brot*vermehrung* ist seine passende Überschrift, sondern Brot*brechen* bzw. *wunderbare Speisung.* Denn mit dieser Praxis hat die frühe Kirche die Gegenwart Jesu am intensivsten erlebt und gefeiert. Sie beginnt nicht erst mit den Emmausjüngern (Lk 24,35) oder einige Tage vorher beim Abendmahl, sondern schon früher, als Jesus mit *Zöllnerinnen, Zöllnern und Sündigen* aß und sich seinen zweifelhaften Ruf als *Esser und Weintrinker* einhandelte (Mt 11,19 par Lk 7,34). Das alles nahm er in Kauf, um den Menschen seinen bedingungslos gütigen und gastfreundlichen Gott nahezubringen, weswegen das Mahl auch zu seinem besonderen Vermächtnis werden sollte.

Aber das Abendmahl war ein (vielleicht vorweggenommenes) Passahmahl, und als solches wurde es in der frühen Kirche kaum jeden Sonntag gefeiert, sondern eher nur einmal im Jahr. Für gewöhnlich hieß die Feier schlicht *Brotbrechen* (war also im Normalfall ohne Wein) oder auch nur ›*das Es*‹ (Apg 1,15; 1 Kor 11,20), ein Ausdruck, der in den Übersetzungen meist Ratlosigkeit hervorruft, obwohl es der eigentliche Zweck ist, auf den hin die Gläubigen *zusammenkommen,* nämlich zur Mahlgemeinschaft im Namen Jesu, wie sie hier so diskret und dennoch eindeutig angesprochen wird. Sie wurde reihum *in den Häusern,* sogar *täglich mit Jubel und Herzenseinfalt* gefeiert (Apg 2,46), und lässt noch einiges von ihrer überwältigenden gesellschaftsverändernden Kraft spüren, während die Übersetzungen nur sehr verhalten von »Freude« sprechen wollen.

Das eigentliche Wunder beginnt und endet dort, wo Menschen ihren Brotneid und ihr zielgerichtetes Sozialverhalten so verändern, dass sie im Namen Jesu eine alle Grenzen überschreitende Gastfreundschaft üben und ihn dabei als den eigentlichen Gastgeber und Initiator ihres Tuns erleben. Denn *das Brot des Lebens,* von dem das vierte Evangelium spricht (Joh 6,35), lässt sich nicht auf ein winziges Kultobjekt reduzieren, sondern meint die geistliche Nahrung insgesamt, die Jesus durch seine Botschaft in Fülle gibt und dazu ermutigt, das Leben wirklich zu leben, und es (im Teilen) sogar *übervoll* zu haben (Joh 10,10).

Dazu bedarf es eigentlich gar nicht vieler Worte, es genügen statt der *zehn Worte* vom Sinai eher schon die Hälfte in fünf oder maximal sieben »Brotworten« *durch Gottesmund* (Mt 4,4), die Menschen wirklich nähren. Eigentlich sind es nur zwei, die wiederum eins sind, und doch alles umfassen: Gottesliebe als Nächstenliebe (Mk 12,30f). Aber wenn dieses Wenige wirklich gelebt wird, werden Tausende satt, ohne dass Not entsteht, ganz im Gegenteil, dann wird Fülle möglich, denn dieses Lebensbrot wird durch Teilen nicht weniger, sondern sichtlich mehr.

Das alles wird von den Evangelien zwar schon vor Ostern erzählt, aber es hat seinen eigentlichen »Sitz im Leben« erst in nachösterlicher Zeit, die die eigene Gegenwart zurück ins Leben Jesu projiziert und von dort her neu deutet. Historisch betrachtet ist ein Picknick wie in der Speisungsgeschichte geschildert in der freien Landschaft Galiläas zur Lebzeiten Jesu eher unwahrscheinlich. Nach Ostern ist es das erst recht, denn das christliche Leben spielte sich ausschließlich in den Häusern ab, und die Wohnungen der normalen Stadtbewohnerinnen und -bewohner konnten kaum mehr als sieben Personen fassen, weswegen man häufig auf das *Obergemach* (Apg 20,8) oder Dach auswich. Auch eine Küche ist in solchen

Mietwohnungen nicht selbstverständlich, man versorgt sich eher bei den ›Warmverkäufen‹ (*Thermopolien*) »über die Gasse«. Nur bei betuchten Gastgebern und Gastgeberinnen bot das Haus oder ein größeres Atrium vielleicht 50 bis maximal 100 Gästen Platz.

Genau diese frühkirchliche Alltagssituation wird im Text angesprochen, wenn sich die Menschen auf Geheiß Jesu *zu Symposien und Symposien, Gartenbeeten und Gartenbeeten, zu hundert und fünfzig im grünen Gras* (zum Mahl) *niederlegen* sollen (Mk 6,39f). Was als Anordnung für eine Freiluftveranstaltung wenig Sinn ergibt, aber ein wunderbares Bild von der nachösterlichen Präsenz Jesu in den einzelnen Hauskirchen vermittelt. Denn wo immer Menschen in überschaubaren Gruppen – und seien es nur zwei oder drei – und an unterschiedlichsten Orten sich versammeln und im Geist und Namen Jesu ihr Brot miteinander teilen, ist Jesus wahrhaft in ihrer aller Mitte (Mt 18,19f; s. 24).

Dabei ist das Brotbrechen für gewöhnlich voll ausreichend (s. 23), während der Kelch eher dem jährlichen Passahmahl (und damit letzten Abendmahl) vorbehalten bleibt; für größere Gruppen ist er kaum zu handhaben, denn das Judentum feiert vor allem innerhalb der Familie und zusammen mit Gästen. Doch gerade diese Intimität ist und bleibt wesentlich auch für das christliche Brotbrechen, selbst wenn dieses keine Grenzen mehr setzen kann und darf.

Diese von der frühen Kirche offen und »offensiv« gelebte Gastfreundschaft war mehr als revolutionär und ließ sie sich im reichen religiösen Konkurrenzangebot der Spätantike behaupten. Die Ikonographie (vor allem der römischen Katakomben) zeigt bis ins 6. Jahrhundert hinein ausschließlich Brote und Fische als Symbole der Eucharistie (seltener ein Weinglas), entweder allein oder in Verbindung mit dem Mahl der Sieben (Joh 21,2), weil Tausende nicht ins Bild zu bringen sind. Doch wird auch das Mahl der Sieben immer mit den Körben des Überflusses aus der Speisung der 4.000 bzw. 5.000 kombiniert. Selbst die erste europäische Darstellung des Abendmahls in San Apollinare Nuovo in Ravenna um 500 hat am Tisch noch *sieben Brote* und *zwei* (große) *Fische*, und nicht Brot und Wein, zitiert also die zweite Speisungsgeschichte, obwohl zwölf Jünger zu Tisch sind. (Nur die Körbe des Überflusses fehlen.)

Diese frühe und ausschließliche Orientierung an den wunderbaren Speisungen ermöglicht, ja erfordert geradezu eine neue Gottesdienstpraxis und lässt auch die gegenwärtige Kirchenkrise als Chance für einen qualitativen Neubeginn begreifen. Denn die Feier der Eucharistie als Brotbrechen ist so nicht mehr ausschließlich abhängig von einem ordinierten Priester und seinen Wandlungsworten, sondern die feiernde Gemeinschaft erlebt sich selbst durch das geschwisterliche Miteinander über alle Grenzen hinweg in einer neuen Verbundenheit in Freude und Leid, die zu Recht *Leib Christi* (1 Kor 12,27) genannt werden darf. Sie feiert kein unverbindliches Ritual, sondern geht im Namen Jesu eine bleibende Nähe und soziale Bindung ein.

Und: Sie braucht sich auch nicht mehr zu verstricken in kirchenrechtlichen Fragen, wer eine solche Feier überhaupt »leiten« darf, ebenso wenig, wer würdig genug ist, das gesegnete, gebrochene Brot zu empfangen usw. Denn gegenseitige Ausschlüsse vom Tisch des Herrn würden nur zu deutlich offenlegen, dass Jesus trotz aller hochgehaltenen »Realpräsenz« nicht wirklich mit »im Boot« sein kann, geht es ja nicht vordergründig um leibliche Sättigung oder den rituellen Empfang heiliger Speise, sondern um die geistig-geistliche Nahrung, die er überreich anbietet. Sie kann sich nur durch ein möglichst erfülltes Leben aller sich daraus Nährenden als real und wirksam erweisen. Nur muss Jesu Absicht und Lebensweisheit auch immer wieder eingeholt und verständlich gemacht werden. Genau dafür ist *Sorge zu tragen* (s. 30), was einiges an theologischer Kompetenz erfordert und zudem ein waches Gespür für die Situation, die Bedürfnisse und Möglichkeiten der anwesenden Menschen, die allesamt ihr Charisma einbringen müssen, um wirklich ein organisches Ganzes, einen gesellschaftsfähigen Leib Christi zu ergeben.

Wir brauchen uns jedoch auch nicht zu überfordern, denn der eigentliche Gastgeber ist und bleibt Jesus. Also ist der Ernstfall nicht zu fürchten, selbst wenn er nicht im Voraus in allen Details zu planen ist. Das jedenfalls ist die Botschaft der Seesturmgeschichte, die zwischen die beiden wunderbaren Speisungen eingeschoben ist: *Habt guten Mut. Ich bin. Fürchtet euch nicht weiter.* (Mt 14,27; Mk 6,50; s. 25)

23

Was heißt Eucharistie feiern?

Jesuanische Eucharistie beginnt nicht erst mit dem Abendmahl, sondern mit seinen anstößigen Mahlgemeinschaften *mit Zöllnern, Zöllnerinnen und Sündigen* (s. 22). Sie verdichten seine Botschaft auf einen nahrhaften Kern, gehen Menschen unter die Haut, direkt ins Herz, wühlen die Eingeweide auf. Denn er feiert damit seinen Gott, der unendlich gastfreundlich ist. Einfach genial! Also feiern wir mit.

Das erfüllt Menschen mit Dankbarkeit, aber auch mit Ärger, weil sie mit ihren (religiösen und sonstigen) Vorurteilen Gott nur zu gerne vorschreiben würden, wem er gnädig sein darf und wem nicht. Das ist der neuralgische Punkt aller letzten (nicht nur religiösen) Überzeugungen. Wenn Jesus dort ansetzt, dann fordert er wirklich das ganze System heraus, dann wird es brandgefährlich auch für ihn. Doch er bleibt seiner Botschaft und Praxis treu, er *setzt sein Leben ein* (was wir als Opfer missdeuten). Er möchte sein Lebensprogramm von uns weitergeführt wissen. Ein Kult- oder Opfermahl für wenige Auserwählte war sein letzter Wille bestimmt nicht.

Aus dem Abendmahlsaal ist allerdings nirgendwo seine Stimme direkt zu vernehmen. Wir würden sie auch kaum verstehen und uns wahrscheinlich eher wundern, wie wenig er gesagt hat. Es gibt nur höchst unterschiedliche Versionen und Deutungen davon, aber keine Berichte! Nur ein Detail: Die älteste Überlieferung, die Paulus zitiert (1 Kor 11,23ff), hat einen doppelten Wiederholungsauftrag, also einen für das Brot, einen für den Becher, sagt aber keineswegs, dass dieser Jesu *Blut* enthält, sondern dass das Trinken den *Bund*(desschluss) *in* seinem Blut bedeute, wie es überhaupt in Jesu orientalisch-semitischer Weltanschauung und Sprache vor allem um das Tun, und nicht um die genaue Beschreibung der Objekte und Begriffe geht.

Lukas hingegen kennt den Wiederholungsauftrag nur für den Brotritus (Lk 22,19) und spricht auch sonst in Evangelium und Apostelgeschichte konsequent nur vom *Brotbrechen* als der Weise, in welcher Jesus *erkannt* wird (Lk 24,35; Apg 2,42). Damit wird deutlich: Die lukanische Kirche feiert die Eucharistie ohne Wein. Er ist auch nicht allen Menschen zuträglich. Die beiden ersten Evangelien wiederum verzichten auf jeden Wiederholungsauftrag und nehmen ihr eucharistisches Augenmaß offensichtlich von ganz wo anders her. Dasselbe gilt vom vierten Evangelium, das an dieser Stelle keine Einsetzung der Eucharistie bietet, sondern die Fußwaschung (Joh 13). Es hat uns die Eucharistie nicht vorenthalten, sondern in der Geschichte von der wunderbaren Speisung (Joh 6) schon alles gesagt, was dazu zu sagen ist. Aber wir können dies erst dann verstehen, wenn wir diese Geschichte als Ostergeschichte lesen lernen.

Dasselbe gilt übrigens für alle Evangelien und ihre Darstellungsweise (die beiden ersten erzählen die Geschichte wohl nicht ohne Grund sogar doppelt). Für Johannes geht es dabei ausdrücklich um Jesus als das *Brot des Lebens.* Es wird weder vermehrt noch in Seelenspeise oder seinen Leib verwandelt, sondern die Speisung selbst wird wunderbar, grenzt an ein wahres Wunder. Denn wenn Christinnen und Christen mit allen Menschen in seinem Namen das Brot brechen und miteinander essen, dann ist letztlich und eigentlich Jesus der Gastgeber dieses Zusammenseins. Nur er teilt in dieser symbolträchtigen Geschichte aus und überwindet dadurch den Brotneid der (irdischen) Gastgeber und Gastgeberinnen, die Jüngerinnen und Jünger sammeln bloß die Reste ein (Joh 6,11f). Mehr umfasst ihr Tischdienst jedenfalls bei Johannes nicht. Es entsteht daraus nicht Not, sondern mehr als genug für alle. Vom Wein ist in all diesen Geschichten keine Rede (s. jedoch 16). Zumindest scheint die johanneische Kirche die Eucharistie eher mit purem *lebendigen Wasser* (Joh 4,10f) gefeiert zu haben. Es geht auch ohne Alkohol!

Die frühchristliche Ikonographie orientiert sich bis ins 6. Jahrhundert hinein nicht am Abendmahl, sondern ausschließlich an diesen, vom Neuen Testament sechsfach erzählten Speisungen. Ihre Symbole sind: Brot und

Fisch, die Körbe des Überflusses, das Mahl der Sieben (Joh 21). Denn die Sieben ist das Symbol der Vollkommenheit, die alle und alles umfasst (s. 22).

Die wunderbaren Speisungen eröffnen uns völlig neue Perspektiven und Freiräume, aber auch Verpflichtungen jenseits der so konfliktträchtigen und oft missdeuteten priesterlichen Wandlungsworte. Die frühe Kirche hat auch ohne solche gefeiert. Das bestätigt schon die Didache, die sogenannte Zwölfapostellehre, die so alt ist wie das Neue Testament. Auch der Vatikan anerkennt diese Praxis für die assyrische Kirche seit zwei Jahrzehnten offiziell, wenn auch etwas halbherzig. Also: Nicht die Definitionshoheit über die heiligen *Objekte* und die daraus folgende Pattstellung sollten uns lähmen; es geht vielmehr um das jesusgemäße *Tun*. Er selbst (und nicht die Kirche) lädt uns ein: zum *Danksagen, Brotbrechen und miteinander Essen* über alle Grenzen hinweg. Nicht mehr und nicht weniger. Nur solche Feiern seines gastfreundlichen Gottes können *uns* und die Kirche noch wirklich *wandeln* zu einer Gemeinschaft, die sich vielleicht so etwas wie *Leib Christi* (1 Kor 12,27) nennen darf.

24

Wo zwei oder drei ... (Mt 18,20)

> *Wo zwei oder drei auf meinen Namen hin versammelt sind, dort bin ich inmitten von ihnen* (Mt 18,20) ist in unterschiedlicher Übersetzung zum geflügelten Wort geworden. Allerdings wird es in seiner vereinfachten Kürze meist nicht wirklich verständlich. Doch ein Blick auf den originalen Kontext hilft weiter.

Das Thema ist das Gebet. Es ist für Jesus eine höchstpersönliche Angelegenheit. Schon unmittelbar vor dem Vaterunser empfiehlt die Bergpredigt:

> *Sooft du betest, geh in deine Vorratskammer, versperr die Tür, bete zu deinem Vater im Verborgenen, und dein Vater, der im Verborgenen sieht, wird dir ›zurückgeben‹.*

Das heißt, du wirst eine Reaktion spüren (s. 7). Aber es ist noch nicht gesagt, was es sein wird, denn ebenso gilt: *Euer Vater weiß, wessen ihr Bedarf habt, bevor ihr ihn bittet* (Mt 6,6.8). Öffentliche Gebetsveranstaltungen sind offenbar die Sache Jesu nicht. Sein Beten braucht einen Ort für sich, bedarf nicht vieler Worte, ist eher ein wortloses Einverständnis »mit Gott und der Welt«. Aber es gibt Kraft.

Unsere Stelle überrascht schon aufgrund der genannten Zahlen. Denn für das Judentum ist erst eine Zusammenkunft ab 10 Männern gottesdienstfähig, was sich ein *minján* (›Zahl‹) nennt. Gezählt werden Knaben ab dem *Bar Mizwá*-Fest (womit sie zum »Sohn des Gebotes« werden; wieder Beispiele für die Alltäglichkeit semitischer Familienbegriffe; s. 2, 16 und 27), reformierte Gemeinden zählen auch die Frauen bzw. Mädchen ab der *Bat-Mizwá* (die sie zu einer »Tochter des Gebotes« macht). Doch Jesus geht von nur zwei Anwesenden aus. Der Text lautet einigermaßen wortgetreu:

> *Wenn zwei aus euch auf Erden übereinstimmen bezüglich jeden Tuns [prágma],*
> *worum sie bitten, es wird ihnen werden von meinem Vater in den Himmeln.*

Aber wieso beschränkt sich Jesus bloß auf zwei? Zum einen wohl deswegen, weil er das Quorum für ein gemeinsames Gebet möglichst gering halten möchte, zum andern auch, weil es selbst bei zwei Menschen durchaus nicht selbstverständlich ist, dass sie sich wirklich einigen können, wie wir auch aus Partnerschaften wissen. Denn solches ist immer eine Herausforderung, wenn wirklich Gleichberechtigung *und* Freiheit praktiziert werden sollen. Im Griechischen ist dabei von ›zusammenklingen‹ die Rede, dasselbe Wort übrigens, das auch in unserer ›Sinfonie‹ steckt, was uns vielleicht hilft, die Sache besser zu verstehen.

Auch eine Sinfonie entsteht nicht von heute auf morgen. Sie gilt nicht umsonst als die höchste Form der Instrumentalmusik (auch wenn sie seit Beethovens IX. gelegentlich den Chor mit einbezieht). Es sollte also nicht überraschen, wenn sich Menschen in den Bereich des Unsagbaren begeben und zuerst einmal viele Missverständnisse auszuräumen sind, bis sie eine Annäherung oder gar ein Übereinkommen erzielen können. Das setzt einige Sensibilität, aber auch Kompromissfähigkeit voraus, kann jedoch nicht nur in Harmonie und Einklang enden, weil dies Stillstand bedeuten würde. Nein, es sind die anhaltenden Kontrapunkte und Überraschungen, welche dem Leben und unseren Beziehungen Würze geben und das Zusammenspiel vorantreiben. Es würde auch unseren privaten Gebeten und offiziellen Gottesdiensten guttun, mehr von diesen unerlässlichen und mühsamen Vorbereitungen einzuplanen, ehe eine gemeinsame Feier überhaupt möglich wird.

Besagtes Jesuswort lässt uns nicht um irgendwelche Objekte bitten, sondern weist in eine andere Richtung. Nach genauerer Lexikographie geht es beim Inhalt der Bitte um ein *Tun,* also um etwas, was schon geschehen ist, eine Tatsache, ein Ereignis bzw. etwas, was noch zu tun ist, ein Unternehmen, eine Aufgabe. In dieser Hinsicht können wir uns nicht nur von Gott beschenken (und bevormunden) lassen, sondern müssen selbst Übereinstimmung darüber erzielen, welche pragmatischen und politischen Vorhaben anstehen, die wir gemeinsam durchführen können, ohne uns in Konkurrenz zu verlieren. Die Herausforderung ist groß, denn immer wieder ist die Gefahr gegeben, dass wir uns unbewusst ineinander verstricken, was nur dadurch vermieden werden kann, dass wir uns nicht auf uns selbst beziehen und zur Norm aller Dinge erklären, sondern *auf* seinen Namen *hin* versammeln.

Es ist anscheinend nur eine kleine Nuance, aber sie ist wichtig. Denn es heißt nicht, wie meist zitiert: *in* seinem Namen, sondern *auf* seinen Namen *hin*. Wir handeln also auch in unseren Gebeten und Gottesdiensten nicht einfach im Namen Jesu, in seiner Autorität (auch nicht als Priester), wir wissen auch nicht genau, wer er ist und in welcher Weise unser Gegenüber an ihn glaubt oder glauben sollte, aber wir beziehen uns eindeutig auf ihn.

Was ebenso erstaunlich ist: Eigentlich versammeln wir uns gar nicht selbst, wir werden versammelt, zusammengeführt (wie das Perfektpartizip Passiv *synēgménoi* ausdrückt). Schon dass wir uns zu einem auf Jesus hin ausgerichteten Unternehmen überhaupt treffen können, ist nicht nur unsere eigene Absicht und Planung. Es ist höhere Fügung, Vorsehung oder wie auch immer. Wir können uns unsere Gegenüber nicht aussuchen und fühlen uns bisweilen auch überfordert dadurch. Aber es steht im Gegenzug auch wirklich göttliche Hilfe bereit.

Womit wir zur jesuanischen Gegenwart kommen. Es können auch in scheinbar ausweglosen Situationen des Zusammenseins Wunder geschehen, dass Menschen zu Einsichten und Kompromissen bereit sind, die vorher undenkbar schienen. Wir müssen sie nur zulassen, um das *dann bin ich inmitten von ihnen* zu erleben. Es ist sozusagen das Ergebnis, das Ziel der ganzen Unternehmens, wie auch der letzte Satz des Evangeliums verspricht: *Siehe ich bin mit euch alle Tage bis zur Vollendung der Weltzeit* (Mt 28,20), wobei nicht einmal mehr vom Gebet oder der Versammlung auf seinen Namen hin die Rede ist.

Eine solche Zusammenkunft aber kann nicht nur ein einmaliges Ereignis sein, sie hat bleibende Folgen. Denn wenn wir uns einmal, und sei es nur ein einziges Mal, auf diese jesuanische Nähe einlassen, dann bleiben wir auf Dauer verbunden, ob wir wollen oder nicht. Wir können nicht im Gottesdienst Geschwisterlichkeit mimen, den Friedensgruß tauschen und im Alltag wieder zu den Gewohnheiten mit ihren Aversionen und Vorlieben zurückkehren.

Diese intensive Präsenz Jesu hat ihren Preis. Erst sein Tod kann solche Verheißungen überhaupt einlösen, erst seine Überschreitung unserer Raumzeitlichkeit macht seine allumfassende Gegenwart möglich. Eine solche Gegenwart ist jedoch nicht an materielle Objekte zu binden, kann nicht in den Dingen selbst liegen, nicht nur weil sie viel zu klein für diese großen Dimensionen sind. Es ist unsere eigene Ausrichtung auf seinen Namen hin, die uns für seine personale geistige, jedoch wirkliche und deswegen auch wirksame Gegenwart empfänglich macht und die wir durch Worte bzw. Zeichenhandlungen andeuten. Wir werden bei gelingender gottesdienstlicher Interaktion sensibel für seine Gegenwart, werden dabei immer wieder überrascht, wenn trotz aller Missverständnisse und Konflikte Formen einer Übereinstimmung möglich werden, die nicht mehr von uns selbst kommen, nicht mehr unser alleiniges Können und Werk sind.

Das Transzendente ist ohnehin da, Gott ist immer und überall. Es geht einzig darum, ob und wie wir uns auf seine allumfassende Präsenz einlassen können. Das ist nur in einer geistigen, personalen Weise der Begegnung möglich. Diese geistig-geistliche Präsenz ist nicht wenig, sondern ungemein viel, eigentlich schon alles, wenn wir einmal eine Ahnung davon bekommen, dass alles, was wir sind und uns umgibt, eigentlich dieselbe ewige Energie ist, ausgehend von der Schöpfung, von dem einen Schöpfer, der einen Schöpferin, der, die immer noch schafft und erschafft, um das fragile Sein des Kosmos aufrechtzuhalten. Wenn wir etwas von dieser ursprünglichen Gotteskraft verspüren, wird sie uns auch in ihre Kreativität einbeziehen, und wir können darauf vertrauen, dass dann wirklich Neues geschieht, vielleicht vieles, wenn nicht sogar alles neu wird, und die Weltzeit Vollendung findet.

Wo solches gelebt und erlebbar wird, da können auch die religiös Fernstehenden und Nichteingeweihten in der Tiefe ihres Herzens angesprochen und berührt werden, ihr Innerstes offenlegen und bekennen: *Wirklich, Gott ist in euch* (1 Kor 14,25). Wenn und wo das noch möglich wird, brauchen wir uns um unsere Kirchen keine Sorgen zu machen.

25

Fürchte dich nicht weiter! (Mk 5,36)

Oft lesen wir in der Bibel den Satz: *Fürchte dich nicht!* So beim Synagogenvorsteher Jaïrus oder bei der jungen Maria (Mk 5,36; Lk 1,30). Die Botschaft ergeht nicht nur an Einzelne, sondern auch an Gruppen: *Fürchtet euch nicht* (Mt 28,5; Mk 6,50), denn es macht einen Unterschied, ob ich mich alleine oder zusammen mit anderen fürchte, was je nach den Umständen die Angst noch verschlimmert.

Doch wie geht die Bibel mit der Furcht um? Kann sie bei der Bewältigung unserer Ängste überhaupt hilfreich sein? Eines steht fest: Die Furcht gehört zu den Grundbefindlichkeiten des Menschseins, und es würde Wesentliches fehlen, hätte die Bibel dazu nichts zu sagen. Furcht kann äußerst unangenehm sein und heftigste körperliche und seelische Reaktionen auslösen. Doch ist sie ganz normal, wenn uns Neues, Unbekanntes begegnet, wo wir noch keine Erfahrungen mitbringen oder vielleicht schon von vornherein befürchten, dass Schlimmes sich wiederholen könnte. Am willkommensten ist sie, wenn sie uns warnt, weil wir uns überschätzt haben, und stattdessen einen Richtungs- oder Strategiewechsel anpeilen oder kurz entschlossen den Rückzug antreten müssen.

Wir sollten uns also das Fürchten nicht generell verbieten oder als Ängstlichkeit (besonders bei Kindern) abwehren und abwerten. Die Furcht unterliegt ja nur zu einem geringen Teil unserem Willen, sie überkommt uns, wir erleiden sie, wie schon die Sprache bewusst macht: ›Sich fürchten‹ ist ein Reflexivverbum. Seine aktive Bedeutung bezieht sich auf uns selbst, betrifft uns gleichermaßen als Subjekt und Objekt des Geschehens. Im Griechischen wird das sinnvollerweise mit einer medialen, also zwischen Aktiv und Passiv liegenden Form (*phoboúmai*) ausgedrückt, wovon auch unsere Phobien ihren Namen haben. Noch eine Feinheit kommt hinzu, die im Deutschen so nicht wiederzugeben ist. Das ›Fürchte dich nicht‹ verbietet nicht kategorisch jede Furcht, sondern der Imperativ des Präsens verneint die Fortführung einer Handlung, eines Zustands und besagt genauer: *Fürchte dich nicht weiter,* hör auf, dich zu fürchten, es ist genug! Es gibt auch noch eine alternative, aktuellere Ausdrucksweise, wenn Josef vom Engel gesagt wird: *Fürchte dich nicht, Maria deine Frau aufzunehmen/anzunehmen* (Mt 1,20), denn dort meint der Text eigentlich: Schreck nicht davor zurück (*mē phobēthḗs*), es zu tun.

Solche Botschaften können jedoch nur dann wirksam werden, wenn auch die Situation und Interaktion entsprechend sind. Sie funktionieren nur auf der Beziehungsebene, weswegen Jesus seine Aufforderung an Jaïrus, das Fürchten abzusagen mit dem Nachsatz: *Glaube nur* verbindet oder den vom Seesturm gebeutelten Jüngerinnen und Jüngern Mut zuspricht: *Ich bin* (da, auch wenn ihr mich nicht seht), *fürchtet euch nicht weiter* (Mk 6,50). Denn meistens fürchten wir uns ja nur deswegen so, weil wir uns in einer Situation völlig verlassen fühlen, vielleicht kaum noch Eindrücke von außen wahrnehmen und deswegen rasch in ein inneres Karussell hineingeraten, die uns den Verstand raubt und zu unsinnigen Reaktionen verleitet. Daher ist Sicht- oder noch besser Körperkontakt das verlässlichste Signal, um die entlastende Botschaft auch völlig wortlos zu vermitteln und zu empfangen.

Erst in der Begegnung mit einem Du kann sich die tröstliche Einsicht ergeben, dass wir uns mehr vor uns selbst, unseren Gedanken und Ängsten fürchten als vor der Wirklichkeit, die wir noch nicht kennen. Darin liegt wohl auch der Grund, wieso gerade die Begegnung mit dem Numinosen zuerst Furcht auslöst, denn der plötzliche Kontakt mit dem Höheren, Absoluten, den Horizont des Bekannten Überschreitenden führt uns in völliges Neuland. Gleichzeitig scheint es jedoch auch der verlässlichste Parameter zu sein, dass wir auf der richtigen Spur sind, wenn die anfängliche Ungewissheit und Angst alsbald einem tiefen Vertrauen weichen dürfen und wir uns nicht mehr weiter zu fürchten brauchen, und es auch gar nicht mehr können. Dieses Urvertrauen wird von der Bibel Glaube genannt, und meint im Hebräischen so etwas wie (Gottes) erlebte Verlässlichkeit und Treue (*émet*). Das ergibt dann eher einen Beziehungssatz als ein inhaltliches Glaubensbekenntnis: *Gott ist einer* (Dtn 6,4) oder *Herr Jesus* (Röm 10,9). Wobei die entscheidende Frage immer die ist: Wem traue ich als Lebensbegleiter? Wem vertraue ich mich an?

Doch dieses Vertrauen ist immer wieder zu aktualisieren, wenn neue Situationen und Herausforderungen auftauchen. Das *Fürchte dich nicht weiter* wird deswegen auch der jungen Maria vermittelt, die noch nicht weiß, wie sie zu ihrem Kind kommt. Auch den Frauen zu Ostern wird die Botschaft ausgerichtet: *Erschreckt nicht länger* (das ist noch eine deutliche Steigerung gegenüber der Furcht): *Ihr sucht den gekreuzigten Jesus. Er wurde auferweckt, er ist nicht hier* ... Doch das ist leichter gesagt als verstanden und getan. Die Frauen jubeln auch nicht sogleich, sondern verlassen fluchtartig das Grab *und sagten niemanden nichts, denn sie fürchteten sich* (Mk 16,6.8). Dass dies tatsächlich der Schluss der ältesten Ostergeschichte und des ganzen Markusevangeliums sein soll, war immer schon rätselhaft, verstörend, denn wir hätten ein sofortiges Aufatmen und schallendes Osterlachen erwartet. Weit gefehlt!

Jesu Erhörungsgewissheit durch Gott auch und gerade im Tod ermöglicht uns, ihn trotz seines Sterbens immer wieder als lebendig, wirklich und wirksam zu erleben. Das erspart uns nicht die Erfahrung von Leid, Leiden und Tod, aber auch wir können, wenn *wir auf Jesus als den Anführer und Vollender unseres Glaubens blicken*

(Hebr 12,2), unsere dunkelsten Wege mit der Hoffnung auf sein Licht durchschreiten.

Schauen wir nochmals auf Jesus selbst. Da beschreibt der Hebräerbrief in jenem Abschnitt, der als Lesung am Karfreitag gelesen wird, die Todesangst Jesu in einer Weise, die in der gesamten antiken Literatur einmalig ist:

> *Er hat in den Tagen seines Fleisches Bitten und ›Flehzeichen‹ hingebracht zu dem, der ihn aus dem Tod retten kann, zusammen mit starkem Geschrei und Tränen …* (5,7ff).

Dass Helden so sehr bitten und flehen, schreien und weinen sollen, passt nicht in die großen Mythen oder die Kriegspropaganda, die die Furcht tapfer wegreden möchten, wie es auch die erste EÜ jahrzehntelang versuchte, wonach Jesus »aus seiner Angst befreit worden« sei.

Die revidierte EÜ stellt richtig: *Und er ist erhört worden aufgrund der Gottesfurcht.* Aber auch das ist nicht leicht nachvollziehbar. Doch schon das Wort Gottesfrucht (*eulabeía*) gibt zu denken, denn es meint wörtlich die Fähigkeit bzw. Eigenschaft, etwas als ›gut zu nehmen‹, es auch gut zu nennen (*eu-logeín*) und damit zu ›segnen‹. So ist auch Jesus nicht vor dem Tod gerettet worden (obwohl dies in Gottes »Macht« hätte stehen müssen?), sondern er ist *erhört worden* dadurch, dass er als *Sohn von dem/denen, (was) er litt, den Gehorsam lernte* und das Leiden mit Gottes Hilfe bestehen durfte (nicht aber, dass er danach wieder ins irdische Leben und seinen Leib hätte zurückkehren können), und gerade so *vollendet allen ihm Gehorchenden Ursache ewigen Heiles wurde* (5,8f). Wenn wir mehr auf ihn horchen (was mit unseren Gehorsamsvorstellungen wenig bis gar nichts zu tun hat), können wir gewiss auch unserem Heil etwas näher kommen. Dem Tod können wir nicht entkommen, auch wenn wir noch so sehr darum bitten. Aber wir können die Angst vor dem Sterben verlieren. Dabei kann uns Jesus behilflich sein.

26

Erfüllte Zeit

Was bedeutet Zeit eigentlich und wie haben Menschen es überhaupt jemals fertig gebracht, sich über etwas zu verständigen, was nicht gleichzeitig geschah, sondern schon früher war oder erst einmal sein würde? In dieser Hinsicht unterscheiden sich die biblische Weltanschauung und ihre sprachlichen Ausdrucksmöglichkeiten grundlegend von unseren heutigen, obwohl wir meist nur wenig damit rechnen, dass andere Menschen und Zeiten die Welt völlig anders sehen und beschreiben können als wir. Doch im Semitischen existiert das, was wir die Zeiten (*témpora*) nennen, so gut wie nicht. Zwar bilden die Verben, und nicht die Begriffe (*nómina*) die zentrale sprachliche Information, aber dabei geht es vor allem um die Beschreibung dessen, ob etwas schon vollendet oder noch im Gang ist (was die Lehrbücher dann doch wieder ›Perfekt‹ und ›Imperfekt‹ nennen möchten) bzw. um die Intensität oder die näheren Umstände einer Handlung, ob sie zugelassen oder veranlasst wird.

Auch das Griechische lässt im Verständnis der Zeit (z. B. in den augmentlosen Formen des Aorists, des »Unbegrenzten«) gelegentlich noch seine Nähe zum Orient erkennen, doch auf der Begriffsebene unterscheidet es den *chrónos*, dessen Ablauf sich messen lässt, und den *kairós* als jenen Zeitpunkt oder Augenblick, der für etwas günstig erscheint. Gemeint ist damit nicht die lineare Zeit, sondern die günstige Gelegenheit, die man – und darin sind sich Mythologie und Ikonographie einig – »beim Schopf packen« muss, weil sie sonst möglicherweise oder so nicht mehr wiederkehrt. Dementsprechend wird der Kairos auch dargestellt: am Hinterkopf ohne Haare, sondern nur mit einem einzigen bzw. einem kleinen Haarschopf, an dem man ihn, fast schon vorübergeeilt, vielleicht doch noch erhaschen kann. (Dass er dabei jedoch oft schon nicht mehr zu greifen ist, bestätigt die Erfahrung.) Der Unterschied zwischen dem Chronos und dem Kairos lässt sich im Deutschen kaum wiedergeben. Für uns ist beides eben »die Zeit«. Dort beginnen auch schon die Missverständnisse, obwohl die begrenzte Lebenszeit gewiss allgemein ein Menschheitsthema ist.

Besonders dicht ist die Reflexion zum Thema Zeit im biblischen Buch Kohélet, das bereits mit der Überschrift eine intensive Auseinandersetzung ankündigt: *Alles ist Windhauch* (Koh 1,2). Das hört sich dann (in Auswahl) streng dialektisch so an:

Allem (seine) Zeit [chrónos],
und eine Zeit/ein Kairos jedem Tun unter dem Himmel:
ein Kairos des Gebärens und ein Kairos des Sterbens …
ein Kairos des Tötens und ein Kairos des Heilens,
ein Kairos des Niederreißens und ein Kairos des Aufbauens,
ein Kairos des Weinens und ein Kairos des Lachens …
ein Kairos des Schweigens und ein Kairos des Redens,
ein Kairos des Liebens und ein Kairos des Hassens,
ein Kairos des Krieges und ein Kairos des Friedens.
(Koh 3,1–8)

Die Selbstverständlichkeit, wie hier alles als vergänglich gedeutet wird, mag erstaunen. Auch die letzte Bemerkung zum Krieg mag uns irritieren, hat aber von der griechischen Philosophie her einen anderen Klang, sonst hätte ihn nicht schon Heraklit als »Vater und König von allem« bezeichnen können. Womit er nicht den Krieg verherrlichte, sondern das Dasein als ständigen Prozess zwischen gegensätzlichen Polen zu beschreiben suchte.

Was die Zahl der Jahre betrifft, so wird sie von der Bibel angesichts der damals niedrigen Lebenserwartung dennoch optimistisch mit »siebzig Jahre(n), wenn es hochkommt, achtzig« angegeben (Ps 90,10 EÜ), auch wenn dieses Alter statistisch gesehen nur äußerst wenigen geschenkt war; zwei Verse später folgt dann die Bitte: »Unsere Tage zu zählen, lehre uns«. Zwar haben sich die Lebensbedingungen und -erwartungen, zumindest in unseren Breiten, stark verbessert, aber auch die vom Psalm in diesem Zusammenhang genannten »Mühsal und Verhängnis« bleiben Realität, denn mehr Lebensjahre heißen auch für uns noch nicht selbstverständlich mehr Lebensqualität.

Beim Kairos geht es vor allem um das Erkennen dessen, was im Augenblick angesagt ist, sowohl persönlich als auch für die Gesellschaft allgemein. Doch damit beschränkt er sich nicht mehr nur auf geradezu schicksalhafte Begegnungen, die unser Leben bereichern, herausfordern und verändern, sondern er kann auch bewusst herbeigeführt werden, etwa durch Gebet, Feste oder Riten, die den Jahreslauf begleiten und die Geheimnisse des Lebens bewusst vollziehen und feiern.

Auch die Verkündigung Jesu beginnt nach seiner 40-tägigen Vorbereitung in der Wüste mit dem Thema Zeit:

> *Erfüllt wurde/ist die Zeit* [*kairós*],
> *und (bleibend) nahegekommen ist die Königsherrschaft Gottes.*
> *Denkt um und glaubt der Gut-Botschaft* [*eu-angélion*]. (Mk 1,15)

Jesus hält diesen Zeitpunkt seines Lebens für günstig, um mit seiner Verkündigung an die Öffentlichkeit zu treten. Er schätzt auch die allgemeine Situation als reif dafür ein. Also hängt er seinen Beruf als Bauhandwerker/Archi*tekt* (*téktōn:* Mk 6,3) an den Nagel und beginnt, den Menschen mehr von seinem Gottesglauben zu vermitteln. Denn die religiösen Erwartungen seiner Zeit waren eher aggressiv-kriegerisch besetzt und hofften, dass Gott endlich der Fremdherrschaft über sein Volk ein blutiges Ende bereiten werde, zumindest wenn wir selbst kräftig nachhelfen, denn dann nehmen wir ihn erst recht in die Pflicht, und außerdem: seinen Tempel würde er ja nie zerstören lassen. Dort sind wir jedenfalls immer sicher – so meinte man jedenfalls.

Doch Jesus vermeidet politische Kampfansagen und Gewalt, er setzt auf seelisch-körperliche Heilung und persönliche Gastfreundschaft über alle Grenzen hinweg und macht so die bereits gekommene Gottesherrschaft (vgl. Mk 9,1) leibhaftig spürbar. Die europäische Theologie ging jedoch Anfang des 20. Jahrhunderts eher davon aus, dass Jesus (und auch Paulus) sich mit ihrer zeitlichen »Naherwartung« geirrt hätten. Die Idee, dass sie selbst die Situation und das orientalische Zeitbewusstsein vielleicht nicht ganz richtig eingeschätzt hätte, kam ihr gar nicht in den Sinn.

Dasselbe Missverständnis besteht immer noch, betrifft aber heute vor allem das letzte Buch der Bibel, die Offenbarung des Johannes. Auch an ihrem Beginn steht eine Zeitbotschaft: *Denn die Zeit (kairós) ist nahe* (Offb 1,3), was jedoch innerhalb einer Seligpreisung gesagt wird (die Apokalypse hat sieben davon) und schon deswegen gar keine Drohbotschaft meinen kann. Davon hat allerdings der allgemeine Sprachgebrauch wenig Notiz genommen und verliert sich weiterhin fast ausschließlich in »apokalyptischen« Untergangsszenarien (s. 31).

Doch auch wenn die sprachlichen Ausdruckmöglichkeiten zum Thema Zeit und Zeitbewusstsein höchst unterschiedlich sind, wir können unsere Existenz nicht deuten, ohne der Lebenszeit und unserer Vergänglichkeit bewusst ins Auge zu blicken. Auch Paulus spricht an einer sehr markanten Stelle von der in Jesus Christus gekommenen *Fülle der Zeit* und ihren Konsequenzen (Gal 4,4f):

Als aber die Fülle der Zeit [*chrónos*] *kam,*
sandte Gott aus seinen Sohn,
geworden aus einer Frau,
geworden unter das Gesetz …

Paulus zitiert eine ältere Tradition, die noch keine Jungfrauengeburt kennt (s. 12), um die Freiheit der Gotteskinder auszurufen, und fährt fort:

damit er die unter dem Gesetz freikaufe,
damit wir die Sohnschaft/Tochterschaft empfangen.

Die Erkenntnis und Annahme der eigenen erwachsenen Gottesbeziehung und das Wissen, dass *Christus in mir lebt* (Gal 2,20), gaben ihm die Freiheit und die Kraft, möglichst überall und als erster das Evangelium zu verkünden. Vor seinem grandiosen Lebenswerk können wir heute nur mit höchster Bewunderung stehen, allein schon in Bezug auf seine körperlichen Leistungen. Denn damals musste man auf Reisen sein Gepäck selbst tragen. Dass Reisen alles andere als bequem war, gesteht Paulus auch selbst einmal freimütig ein (2 Kor 11,23–12,13). Er lebt überhaupt kein normal bürgerliches Leben, sondern spricht von einer »verdichteten« Zeit (1 Kor 7,29–31):

Das aber sage ich euch, Geschwister, die Zeit [kairós] ist zusammengedrängt.
Im Übrigen: Dass auch die Frauen Habenden wie nicht Habende sind,
und die Weinenden wie nicht Weinende,
und die sich Freuenden wie sich nicht Freuende,
und die Kaufenden wie nicht Festhaltende,
und die die Welt Gebrauchenden wie nicht total Verbrauchende,
denn es vergeht das Äußere/die Gestalt dieser Welt.

Mit diesem Lebensgefühl der äußerst dichten Zeit hat er sich nirgendwo über das für eine Gemeindegründung notwendige Maß hinaus niedergelassen, sondern er vertraut der spirituellen Eigenverantwortung seiner Hörerinnen und Hörer, und hilft gegebenenfalls durch einen erneuten Besuch oder den seiner Mitarbeiter und Mitarbeiterinnen, ohne die sein Projekt nie durchführbar gewesen wäre, aus. Gelegentlich schreibt er Briefe, wovon nur sieben erhalten sind (Röm, 1/2 Kor, Gal, Phil, 1 Thess, Phlm), und schafft damit eine neue Gattung biblischer Literatur. Doch trotz seines apostolischen Eifers ist er kein Getriebener, der alles bis zum Letzten ausschöpfen müsste, sondern er versteht sich als ein die Welt *Gebrauchender,* nicht als ihr *Totalverbraucher.* Aber es ist nicht nur ein kurzer Augenblick, der ihm als besondere Chance aufleuchtet, sondern seine gesamte Lebenszeit gestaltet sich höchst intensiv, wird zum Kairos. Er muss nicht mehr auf Zukünftiges warten, alles ist schon in greifbarer Nähe. Angst ist trotz aller Bedrängnisse nicht angebracht. Er ist handlungsfähig, und wie:

> *Siehe die Jetzt-Zeit* [*nŷn kairós*] *ist willkommen/angenehm, siehe jetzt ist ein Tag des Heils/der Rettung.* (2 Kor 6,2)

Für ihn ist die *Parusie* des Herrn zum Greifen nahe. Doch das, was wir meist als (zeitliche) »Wiederkunft« deuten möchten, bedeutet für ihn (und seine Zeit) die (räumlich-geistige) *Anwesenheit,* bei der es letztlich auch keinen Unterschied mehr zwischen den noch Lebenden und Toten geben kann (1 Thess 4,15). Denn *wir alle werden verwandelt werden,* und zwar *in einem Augenblick* (1 Kor 15,51f).

Auch das ist bemerkenswert am biblischen Zeitverständnis: Manches braucht eine schier unendliche Zeit, letztendlich aber ereignet sich alles dann doch immer wieder sehr rasch, wenn der Übergang in eine neue Form, in einen neuen Qualitätszustand erfolgt wie bei den Heilungswundern (Mt 8,3; 20,34). Ein ähnliches Thema meditiert übrigens auch der 2. Petrusbrief, wenn er davon spricht, dass *der Herr seine Verheißungen nicht verzögert.* In Anklang an Psalm 90,4 betont diese (nachpaulinische) Schrift, dass bei Gott *ein Tag wie 1000 Jahre und 1000 Jahre wie ein Tag* sind (2 Petr 3,8). Gottes Zeit bzw. besser Ewigkeit und unsere Zeit lassen sich nicht vergleichen. Denn die Ewigkeit besteht nicht aus endloser Zeit, sondern ist ein absolutes Jetzt. Angesichts des Kosmos und seiner vielen Milliarden Jahre sind unsere Leben nicht einmal Nanosekunden. Hier ist der Gedanke wieder hilfreich, dass unsere Zeit, die Zeit überhaupt, für Gott nicht existiert, nicht existieren kann, weil sie nur unsere eigene Illusion und Hilfskonstruktion ist.

Unser Zeitempfinden kann in der Tat höchst unterschiedlich ausfallen. Manches dauert, besonders wenn es unerfüllt oder schmerzlich ist, extrem lang, und anderes, besonders wenn es schön und lustvoll ist, viel zu kurz, obwohl mit der Uhr gemessen vielleicht beiden Empfindungen genau dasselbe Zeitquantum zugrunde liegt. Von diesem unterschiedlichen Erleben her versteht man vielleicht auch, dass die apokalyptische Sprache gelegentlich davon redet, dass der Herr die Tage der erwarteten Bedrängnis *beschädigt* hätte (gemeint ist: verkürzt hat), *damit alles Fleisch gerettet wird* (Mk 13,20). Aber es sind keine »objektiven« Vorhersagen einer schrecklichen Zukunft, sondern psychologische Entlastungsstrategien, die sich damit trösten, dass wir hoffentlich nicht über unsere Möglichkeiten hinaus belastet werden, sondern dennoch irgendwie heil ans Ziel kommen.

Aber dazu heißt es *wachsam sein*, wie uns die Bibel des Öfteren sagt, nicht nur in der dritten Seligpreisung der Offenbarung. Diese jedoch ist insofern bemerkenswert, als sie ein ursprüngliches Gleichnis (Lk 12,39) in ein direktes Jesuswort umdeutet: *Siehe, ich komme wie ein Dieb*

(Offb 16,15). Damit kehren wir wieder zum Kairos zurück: Schon eine flüchtige Begegnung mit einem bisher unbekannten, unerwarteten Jesus wird uns nachhaltig verändern. Sollte trotz des sich ständig drehenden Gedankenrades die Zeit einmal wirklich für einen Augenblick in uns still stehen, ganz Gegenwart sein, dann hätte uns gewiss schon ein Hauch von Ewigkeit angerührt. Diesen Pol der Vollendung tragen wir ja von Anfang an in uns. Er kann jederzeit aktiviert werden. Also sollten wir uns keine zu großen Sorgen um unsere Lebenszeit mehr machen.

27

Gleichheit

Eine bekannte feministische Theologin wies einmal vehement darauf hin, dass im Neuen Testament nur die Männer blind seien, nicht aber die Frauen und dass sie zudem das Wort Gleichheit dort sehr vermisse, so dass es erst in der Französischen Revolution auftauche. Nur was die Blindheit der Männer anlangt, schien ihr protestantischer Blick eher die katholische Kirche ins Visier zu nehmen, die vor der Geschlechtergleichheit weiterhin den Kopf in den Sand stecken möchte. Aber im Neuen Testament ist die Sache nun doch etwas komplexer.

Gerade die Heilungsgeschichten sind mit Bedacht zu lesen, denn sie bedienen kaum heutige Vorstellungen. Mit der Blindheit meint die Bibel seit dem Propheten Jesaja eindeutig die geistige (Jes 6,9f; 29,10), und die scheint oft sogar das größere Problem zu sein, auch heute noch. Zudem würde ein Semite einen organisch Blinden nie als solchen bezeichnen, sondern sehr blumig als eher besonders ›scharfsichtig‹ oder ähnlich ansprechen, was weder Zynismus noch orientalische Höflichkeit ist, sondern den Umstand reflektiert, dass Menschen, die nicht mehr ständig durch ihre Augen »verführt« werden, vielleicht Einsichten gewinnen, die Normalsichtigen so nicht zugänglich sind. Nicht umsonst gilt Homer als blind, fehlt dem großen Seher Teiresias das Augenlicht. Nun schreiben zwar die neutestamentlichen Autoren samt und sonders Griechisch, aber sie sind und bleiben weltanschaulich und kulturell Orientalen.

In der ausführlichsten Blindenheilung des Neuen Testaments (Joh 9) kommt noch eine Besonderheit hinzu (die auch in anderen Heilungsgeschichten von Bedeutung ist). Es ist nicht einfach von einem »Mann« die Rede, wie die EÜ meint, sondern von einem »Menschen«, wie die Lutherbibel korrekt wiedergibt. Und dieser ist aus biblischer Sicht der Mensch schlechthin, genauer: die Gattung Mensch (*adám*), und zwar als Mann *und* Frau, während ein Individuum als Menschen*sohn* bzw. Frauen*tochter* angesprochen wird. Genau dieser Mensch, sei er Mann oder Frau (oder von sonstiger biologischer/sexueller Prägung) ist nach dem Johannesevangelium *von Geburt an blind* und kann nur in der Begegnung mit dem *Licht der Welt* sehend werden. So sagt schon der Prolog des Evangeliums: *Er war das wahre Licht, das jeden Menschen erleuchtet, der in die Welt kommt* (Joh 1,9).

Eben dieses Programm Jesu wird in der Blindenheilung erzählerisch entfaltet. Es gilt selbstverständlich Frauen und Männern in gleicher Weise. Dabei geht es gar nicht mehr um irgendwelche vordergründigen Fakten wie z. B. die Salbung des Blinden mit einem Teig aus Erde und Speichel, sondern um die Auseinandersetzung damit, was die Person Jesu wirklich bedeutet. So wird gerade diese Perikope letztlich nur in Verbindung mit der Taufe verständlich, geht es in ihr doch um ein symbolisches Eintauchen in den vom Vater *gesandten* Jesus, der hebräisch den gleichen Namen hat wie der Jerusalemer Teich *Schíloach.* In ihn wird das Wasser der Gihon-Quelle durch den Bergabhang, auf dem die alte Stadt gebaut war, hindurch zu einer besser geschützten Stelle *gesandt,* um auch in kriegerischen Zeiten die Trinkwasserversorgung sicherzustellen. Es überlagern sich in dieser neutestamentlichen Geschichte mehrere Ebenen: eine lokal-geographische und eine geistlich-mystische, beide mit ziemlichem Tiefgang. Denn letztlich geht es um die Frage: Wie kommen wir an das Lebenswasser heran? Zumindest verspricht Jesus am *letzten großen Festtag* (des Wasserschöpfens am Schiloach): *Wer dürstet komme zu mir und trinke … aus seinem Leib werden Ströme lebendigen Wassers fließen* (Joh 7,37f). In der Szene am Jakobsbrunnen hatte er versprochen, dass das Wasser, das er zu trinken geben wird, im Trinkenden *zur Quelle ins ewige Leben sprudelnden Wassers werden wird* (Joh 4,14). Die Verheißung ist groß: Wenn das von Jesus gereichte Lebenswasser einmal in uns wirklich zu fließen beginnt, dann hört es nicht mehr auf, sondern sprudelt weiter ins ewige Leben.

Auch das beanstandete Fehlen der Gleichheit im Neuen Testament ist nicht ganz zutreffend, denn es trifft nicht die Bibel, sondern die Übersetzungen. Gleich zweimal hintereinander redet Paulus ausdrücklich von der *Gleichheit* (*isótēs*: 2 Kor 8,13f), wenn er seine Spendensammlung für Jerusalem motivieren möchte. Doch sowohl der EÜ als auch der Lutherbibel ist dieses Wort zu politisch besetzt, beide reduzieren auf »Ausgleich«. Das ist zwar sachlich einigermaßen korrekt, unterschlägt aber das grundlegende Menschenrecht, das alle Menschen ausnahmslos *gleich* haben, gerade wenn es um ihre tägliche Ernährung geht, wie Paulus mit der Mannageschichte im Kontext treffend erklärt.

Auch die dritte Belegstelle für die Gleichheit verflüchtig sich erst in den Übersetzungen. Ihr Text heißt: *Herrinnen und Herren, gewährt den Sklaven und Sklavinnen das Gerechte und die Gleichheit* (Kol 4,1). Doch alle Übersetzungen (einschließlich Zürcher, Elberfelder oder Schlachter) lesen: » ... was recht und billig ist«. Das ist nun doch etwas zu billig. Denn die Mahnung fährt mit dem schwerwiegenden Argument fort: *wissend, dass auch ihr einen Herrn/eine Herrin im Himmel habt*. Ein solcher Satz schafft die Sklaverei definitiv ab. Christinnen und Christen können keine Sklavenhalter mehr sein. Das macht bereits die Taufe unmöglich. Sie ebnet alle Unterschiede ein, wie Paulus betont:

> *Nicht gibt es Jude, nicht Grieche,*
> *nicht gibt es Sklave, nicht Freier,*
> *nicht gibt es männlich und weiblich.*
> *Denn ihr alle seid einer in Christus Jesus.* (Gal 3,28)

Vor allem die Formulierung ›*männlich und weiblich*‹ ist von besonderem Gewicht, denn sie zitiert wortwörtlich den Schöpfungsbericht in seiner griechischen Version (Gen 1,27) und hebt ihn damit auf. Das heißt: Auch die Heilige Schrift kann und muss gegebenenfalls korrigiert werden, sonst erstarrt sie, wird sie tot.

Der zuletzt zitierte Text wird im nachpaulinischen Kolosserbrief nochmals aufgegriffen, wo das neue Menschsein so beschrieben wird:

> *… wo es nicht gibt*
> *Grieche und Jude, Beschneidung und Vorhaut,*
> *Barbar, Skythe, Sklave, Freier,*
> *sondern alles und in allem Christus.* (Kol 3,11)

Dabei fällt auf, dass die Gegenüberstellung Grieche (gemeint ist ein Nichtjude, also »Heide«) und Jude/Judenchrist verdoppelt wird. Auch das Thema der Xenophobie wird angesprochen, während die Gleichheit der Geschlechter fehlt. Das will jedoch nicht heißen, dass sie jetzt verschwiegen oder stumm widerrufen wäre. Denn solches passte so gar nicht in das kleinasiatische Umfeld des Autors, das von matriarchalischen Kulturen geprägt war. Die Geschlechtergleichheit schien ihm vielmehr so selbstverständlich, dass er sie nicht noch eigens zu nennen brauchte.

Fazit: Es gibt zwar nur wenige Belegstellen zur Gleichheit im Neuen Testament, aber sie überzeugen inhaltlich – nicht nur in Bezug auf die Frauen, sondern auf alle Menschen, zumindest was ihre basalen Bedürfnisse betrifft. Auch wo davon nichts ausdrücklich in den heiligen Büchern steht, sind und bleiben wir alle Kinder desselben himmlischen Vaters, weswegen es an diesem Thema nichts herumzudeuteln gibt, schon gar nicht im Namen Jesu. Er möchte uns alle zu *Töchtern* und *Söhnen* Gottes emanzipieren.

Nachbemerkung: Dass zu den Brüdern bzw. Söhnen hinzu die Schwestern bzw. Töchter in der Bibel meist nicht eigens erwähnt werden, hat auch damit zu tun, dass es im Hebräischen ohnehin immer dieselben Wortstämme sind: Bruder – Schwester (*ach – achót*), Sohn und Tochter (*ben* bzw. aramäisch *bar – bat*), und somit im männlichen Plural auch die weibliche Form immer schon hörbar inkludiert ist (z. B. bei den Kindern je nach grammatikalischer Verbindung: *baním/beneí – banót/benót*). Das trifft ebenso auf das griechische »Brüder und Schwestern« (*adelphoí – adelphaí*) zu. Dennoch scheinen die Schwestern noch nicht immer konsequent auch in der Übersetzung auf, wo sie die revidierte EÜ gerade bei den Ostererscheinungen »vergisst« (vgl. 1 Kor 15,1.6). Es sollte jedoch nicht allzu schwerfallen, auch die griechischen Söhne (*hyioí*) um die Töchter (*thygatéres*) zu erweitern, wie es bereits der Prophet Joël (3,1f) bei der Ausgießung des Gottesgeistes *über alles Fleisch* tut und den Petrus in seiner Pfingstrede begeistert zitiert, um das neue Selbstverständnis der Jesusgruppe öffentlich zu machen. Auch ein neues Pfingstwunder wird sich nur zusammen mit den Frauen ereignen oder eben nicht (Apg 2,17; s. 29).

28

Freiheit

Seine Freiheitspredigt hat Paulus immer schon verdächtig gemacht, und eigentlich grenzt es an ein Wunder, dass es seine Briefe überhaupt in den biblischen Kanon geschafft haben. Seine Schule hat da fleißig mitgeholfen und unter seinem Namen entlastende Briefe nachgereicht (Kol/Eph; 2 Thess; 1/2 Tim; Tit), und ihn auch mit der Autorität des Petrus zu stützen gesucht (1/2 Petrus). Dasselbe tut die Apostelgeschichte, die ihn zwar nicht Apostel nennt (außer mit der verwendeten Quelle »versehentlich« in 14,4.14), aber doch zusammen mit Petrus als das eigentliche Gründerpaar der Kirche wertet und ihn dabei auch andere Töne anschlagen lässt, als wir von ihm gewohnt sind, nicht nur in der Areopagrede (s. 17). Bei Paulus selbst kommen auch noch keine Presbyter vor, von denen die Apostelgeschichte so selbstverständlich auch bei seiner Abschiedsrede berichtet (Apg 20,17), jedoch seine Briefe weder kennt noch erwähnt.

Trotz dieser massiven Unterstützung schaltete die kanonische Ampel für Paulus nicht gleich auf Grün. Erstaunlicherweise fand er gerade in seinem ehemaligen Missionsgebiet in Kleinasien lange kein Echo bei den nachfolgenden Kirchenschriftstellern. Er bleibt stumm, wird verschwiegen, denn bei dem,

> was *unser geliebter Bruder Paulus entsprechend der ihm gegebenen Weisheit euch geschrieben hat* ... könnten *die Ungebildeten und Ungefestigten das Schwerverständliche verdrehen,* und so ins eigene Verderben rennen. (2 Petr 3,15f)

Wie sehr jedoch auch die kirchliche Tradition selbst Paulus missdeuten konnte, zeigt die Übersetzung von 1 Kor 7,21. In der EÜ von 1980 heißt es: »Auch wenn du frei werden kannst, lebe lieber als Sklave weiter.« Doch man übersah das eigentliche Thema: *Jede/Jeder bleibe in der Berufung, in der er/sie berufen wurde* (7,20). Mit dem Resümee:

> *Um einen Preis seid ihr freigekauft worden. Werdet nicht Sklavinnen und Sklaven von Menschen. Jede/Jeder bleibe in dem bei Gott, Geschwister, worin sie/er berufen wurde* (7,24).

Die Fehlinterpretation begann schon damit, dass der göttliche Ruf, die Berufung als weltlicher Beruf, als sozialer Stand gedeutet wurde, und dabei die Parole ausgegeben werden sollte: Schuster bleib bei deinen Leisten (oder werde Kleriker; doch wir brauchen dringend dienende Geister, gerade auch in der Kirche, wie vor allem den Frauen vermittelt wurde). So war alles verdächtig, was irgendwie mit Freiheit zu tun hatte, angefangen von Paulus bis hin zur Theologie der Befreiung: Es galt zwar als christlich, den Armen zu helfen, aber als kommunistisch zu fragen, wieso sie eigentlich arm sind.

Doch auch die rechtsgeschichtlichen Voraussetzungen bei Paulus wurden falsch eingeschätzt. Die alte Lesart setzte offensichtlich voraus, dass seine Klientel die Wahl zwischen Sklaverei und Freiheit gehabt hätte. Doch eine solche existiert nur in der hebräischen Bibel, nicht aber im römischen Umfeld. Das Alte Testament verpflichtet sogar nach sechs Jahren ausdrücklich zur Freilassung der hebräischen Sklaven und Sklavinnen (was nicht für die nichthebräischen galt), und sie soll nicht mit leeren Händen erfolgen. In diesem Kontext wird auch die Möglichkeit angeboten, dem Sklaven, der Sklavin auf Wunsch ein Bleiberecht im Haus zuzusichern (Dtn 15,12–18).

Ganz anders die römischen Verhältnisse: Sklavinnen und Sklaven unterliegen dem Sachenrecht und werden entsprechend benutzt, vorzugsweise in der Prostitution oder als naheliegende Abwechslung neben der Ehe, die vor allem die legitime Nachkommenschaft sicherzustellen hat (und die *univira,* die keusche Ehefrau, noch am Grabstein preist). Sind Sklaven und Sklavinnen nicht mehr selbsterhaltend oder gewinnbringend zu verwerten, was bei einem überschwemmten Markt immer schwieriger wird, werden sie »freigesetzt«, was die Gesetzgebung jedoch einzuschränken sucht: Sie fordert, je nach der Gesamtzahl der Sklaven und Sklavinnen eines Hauses, nur einen bestimmten Prozentsatz davon freizugeben, um nicht noch mehr Proletariat und damit sozialen Zündstoff zu schaffen, der auf Dauer nicht mit »Brot und Spielen« niederzuhalten war.

Auch Paulus vermag an dieser römischen, zumindest rechtlichen Unkultur (es gab in der Praxis immer auch humanere Beispiele) nicht viel zu ändern, außer er bringt wohlhabende Menschen dazu, ihr Haus für seine Botschaft zu öffnen mit der Folge, dass nach einem geschwisterlichen Gottesdienst dort keine Sklaverei mehr praktiziert werden kann. Im Übrigen kann er nur zusammen mit der griechischen Philosophie und ihrer stoischen Ruhe versuchen, Sklaven und Sklavinnen zu trösten und auf den dennoch möglichen und notwendigen Gewinn einer inneren Freiheit hinzuweisen.

Doch die Auslegung drängte Paulus dabei in eine Ecke ab, wo er nicht hingehört. Sie unterschob ihm dabei sogar den Zynismus, dass er ausgerechnet innerhalb des Kapitels über Ehe und Jungfräulichkeit einer missbrauchten Sklavin den Rat geben wollte: »Selbst wenn du frei werden kannst, lebe lieber als Sklavin weiter.« Für all diese Absurditäten sollte seine angebliche »Naherwartung« verantwortlich gewesen sein.

Die EÜ 2016 verbessert:

> »Jeder soll in dem Stand bleiben, in dem ihn der Ruf Gottes getroffen hat. Wenn du als Sklave berufen wurdest, soll es dich nicht bedrücken; aber wenn du frei werden kannst, mach lieber Gebrauch davon.«

Die Sklaverei wird also nicht mehr naiv verharmlost, dem Missbrauch nicht mehr Vorschub geleistet. Nur: Es ist nicht vom sozialen »Stand« die Rede, sondern vom göttlichen Ruf, und das macht noch immer einen Unterschied. Wir sollen immer in unserer Berufung bleiben und sie auch im Fall der (nicht zu Wahl gestellten) Freilassung sogar noch intensiver nutzen:

> *Bist du als Sklave/Sklavin berufen, mach dir nicht* [zu viel] *Kummer.*
> *Vielmehr wenn du auch/aber frei werden kannst, gebrauch* [die Berufung] *mehr/lieber/viel mehr.*

Frei zu werden, durch welche Umstände auch immer, ist eine unbedingt zu nützende Chance für den göttlichen Ruf, der sich mit menschlichen Abhängigkeiten und Rücksichten so gar nicht verträgt. Das bedeutet: Je mehr wir uns von allen menschlichen (und auch kirchlichen) Zwängen lösen, umso mehr werden wir unsere eigene und eigentliche göttliche Berufung verwirklichen.

Auch hinsichtlich seiner eigenen Berufung ist Paulus sehr darauf bedacht, dass er *Apostel* ist, *nicht von Menschen, nicht durch einen Menschen, sondern durch Jesus Christus und Gottvater.* Deswegen trifft er nach seiner Berufung nicht gleich Absprachen mit den *Aposteln vor mir* bzw. denen, die sich für etwas *›halten‹* (*dokéō*: Gal 1,1.16–19; 2,9). Er muss sein Amt nicht erst von den Jerusalemern bestätigen lassen, und sucht nur soweit die

Verbindung mit ihnen, um *nicht ins Leere zu laufen* (Gal 2,2), denn er möchte bestimmt keine Kirchenspaltung.

Auch wenn er sich außer als Apostel ebenso gut auch *Sklave* (*doúlos*: Röm 1,1) nennen kann, so hat das mit einer (Selbst)Erniedrigung aus römischer Sicht nichts zu tun. Denn der biblische Gottes*knecht* (*ébed*: Jes 52/53) ist kein Befehlsempfänger, sondern einer, der für Gott *›arbeitet, ihn verehrt‹* (*abád*), und das ist schon im Aramäischen jener *Minister*titel, wie er uns in der heutigen Politik idealerweise vorschwebt oder auch im beliebten arabischen Vornamen *Abdúllah* (›Knecht Gottes‹) zu hören ist.

Doch wenn Paulus zur großen Apologie ansetzt, dann steht die Freiheit ganz oben und zuerst: *Bin ich nicht frei, bin ich nicht Apostel, habe ich nicht Jesus den Herrn gesehen* … (1 Kor 9,1). Dabei ist ihm vor allem wichtig, darauf hinzuweisen, dass er seinen Lebensunterhalt selbst aufbringt, also seine Verkündigungstätigkeit nebenberuflich ausübt, obwohl *die übrigen Apostel und Geschwister des Herrn und Kephas* (wie er *Petrus* meist nennt) es für ihr von Jesus verbrieftes gutes Recht sehen, sich samt Frau von den Gemeinden erhalten zu lassen.

Zu deren Ehrenrettung sei allerdings auch erwähnt, dass Paulus bessere Voraussetzungen besaß als umherziehende galiläische Fischer oder Bauern. Denn als *Zeltmacher* (Apg 18,3) konnte er in jeder Werkstatt (die z. B. die großen Sonnensegel für die Theater herstellte) anheuern und auch entsprechend verdienen. Doch auch für Paulus ging die Rechnung nicht immer auf. Aber er nahm nur dort Geld an, wo die Beziehungen wirklich stimmten (was Korinth eindeutig ausschloss).

Doch trotz aller hochgehaltenen Freiheit empfindet Paulus seine Berufung auch als schicksalhaft. Er *muss* das Evangelium verkünden: *Zwang* (*anánkē*) *ist mir auferlegt, denn wehe mir, wenn ich nicht verkünde.* Da möchte ich lieber sterben (1 Kor 9,5f.15f). Hier gewährt ein Mensch einen tiefen Blick in seine Seele. Er gesteht, dass er das Ganze eigentlich *unfreiwillig* macht, weil er seiner Bestimmung folgt, also auf seine »Selbstverwirklichung« aus ist. Würde er es *freiwillig* machen, müsste er auch die Rechnung kalkulieren. Seine Berufung aber erlaubt ihm keine *Geschäftemacherei* mit dem Wort Gottes, wie er sie anderen nachsagt oder unterstellt (2 Kor 2,17). Er hält an seiner Freiheit mit all ihrer Last fest und stellt wenig später doch wiederum eindeutig klar: *Wo aber der Geist des Herrn* (*ist, ist*) *Freiheit* (2 Kor 3,17). Sie hat immer auch ihren Preis. Doch nur Freiheit ermöglicht es, dass das Leben wirklich voll gelebt werden kann.

29

Pfingstliches Sprachenwunder?

Bezüglich des pfingstlichen Sprachenwunders herrscht einige Sprachverwirrung, wenn dahinter die Vorstellung steht, die Apostel hätten plötzlich ein spektakuläres Fremdsprachenvolumen bedienen können, das sie zwar selbst nicht verstanden, wohl aber ihre Zuhörerinnen und Zuhörer. Zumindest würden wir dann ziemlich vergeblich auf ein neues Wunder dieser Art warten. Nein, Fremdsprachen wollen erlernt werden, selbst bei außergewöhnlichen Begabungen. Auch ist ein besonderes »Naturwunder« gar nicht nötig, zumal die Bewohnerinnen und Bewohner der 14 aufgezählten Gebiete – die ebenso genannten Römer (mit Bürgerrecht), Juden und Proselyten sind nicht näher zuzuordnen – zumindest so viel Griechisch konnten, um sich auf Reisen zu verständigen. Sie brauchten keine himmlische Übersetzung ins Parthische, Medische oder Latein usw. Denn die griechische *Koiné* (die ›gemeinsame‹) ist nach dem Aramäischen, das zuvor die Língua fránca im Vorderen Orient gewesen war, allgegenwärtig. Zum Vergleich: Selbst in Jerusalem sind 40 % der jüdischen Grabinschriften im 1. Jahrhundert n. Chr. griechisch (Pieter Willem van der Horst, Ancient Jewish Epitaphs, 1991).

Die Geschichte hört sich ziemlich nüchtern an, obwohl sie feierlich beginnt: *Und während der Tag der Pfingsten erfüllt wurde* … (Apg 2,1). Vom jüdischen Wochenfest (*Schawuót*) ist die Rede, das sieben mal sieben Wochen nach dem Passah als erstes Erntefest, aber auch als Erinnerung an die Weisung vom Sinai gefeiert wird, und vom *fünfzigsten Tag* (*pentekostḗ hēméra*) unseren Namen Pfingsten hat. Traditionell wird dieses Fest mit einer durchwachten Nacht begangen, um über die Weisung Gottes nachzudenken.

Diese Aufgabe stand auch für die junge Kirche an. Doch an diesem Tag *waren alle miteinander/zusammen/einig ›auf das Es‹ hin*. Das ist eine ungewöhnliche Ausdrucksweise, aber sie meint, dass alle Beteiligten einträchtig beisammen waren, und sich auf das Eigentliche des Glaubens, und das heißt auf das Brotbrechen konzentrierten (s. 22). Auf diese Einheit der Versammelten reagiert der Himmel plötzlich mit einem ›Echo‹, also einem Widerhall,

> *und es erschienen ihnen so etwas wie sich verteilende Feuerzungen und er/sie/es setzte sich auf jede/jeden einzelne/einzelnen von ihnen, und alle wurden erfüllt von heiligem Geist und begannen in ›zweiten‹ Sprachen zu reden, wie der Geist ihnen gab, es geradewegs herauszusagen.* (Apg 2,3f)

Die durch die Wahl des Matthias wieder vollzähligen Zwölf waren mit den *Frauen*, mit *Maria* und den *Geschwistern Jesu* zu diesem Zeitpunkt einig, was keineswegs selbstverständlich war, wie wir vom Fortgang der Geschichte wissen, wo es zu Konflikten zwischen Petrus und Jakobus kam, der als *Herrenbruder* (Gal 1,19) das Sagen an sich zog und Petrus mehr und mehr ausbootete. Zum Glück, muss man sagen, denn dieser Umstand führte auch ihn, und nicht nur Paulus, nach Rom, ins Zentrum der damaligen Welt, und öffnete so das Tor zur Weltkirche. Doch gerade diese Einigkeit untereinander, die die Apostelgeschichte mehrmals betont, scheint auch die Voraussetzung dafür zu sein, dass der Gottesgeist dem irdischen Planen beitreten kann. Beschrieben wird das als gewaltiger Sturmwind und eine Vision von Feuerzungen, wobei die Zunge (*glṓssa*) nicht nur ein wichtiges Sprechorgan, sondern im Griechischen überhaupt gleichbedeutend mit der Sprache ist (wie auch die lateinische *lingua*).

Das Ergebnis: Nicht nur die Gruppe als solche, sondern jede/jeder einzelne in ihr bekommt Feuer in die Sprache, und diese wird lebendig, zündend, weil sie es *frei heraus sagt* (*apophthéngesthai*: Apg 2,4.14). Bereits das ist ein Wunder. Aber die Bibel suggeriert nicht, dass die Beteiligten plötzlich unbekannte Sprachen, die sie nie gelernt haben, gesprochen hätten. Das wäre eher durch das Wort *állos*, das einen ›anderen unter mehreren‹ meint, auszudrücken gewesen. Aber das verwendete *héteros* meint den zweiten von zweien, und bedeutet auch im

Plural *andere, alternative* Weisen eines Redens, und die klingen je nach den beteiligten Personen und situationsbedingt eben unterschiedlich.

Durch diese neue Direktheit der Sprechenden wird verständlich, dass *jede/jeder einzelne sie im eigenen ›Dialekt‹ reden hört.* Wenig später wird dieser *eigene Dialekt* noch als jener identifiziert, *in dem wir geboren wurden* (Apg 2,6.8). Das heißt: Das Wunder der Verständigung nach der babylonischen Sprachverwirrung wird möglich, wenn Menschen wieder zu jener natürlichen Sprache zurückfinden, in der sie selbst geboren wurden. Diese »Muttersprache« versteht jeder Mensch, weil es um die Grundbedürfnisse des Menschseins und ihre einfache Befriedigung geht. Denn nicht, dass möglichst gescheite und abgehobene Dinge gesagt werden, macht die Qualität religiöser Rede aus, sondern dass sie authentisch wird und somit alle Menschen mit ihren Ängsten und Hoffnungen sich darin wiederfinden, *›wiedererkennen‹* können (*ana-ginṓskō*), wie das Lesen im Griechischen wörtlich heißt.

Um es auf den Punkt zu bringen: Pfingsten passiert, wenn wir untereinander, miteinander so viel Zutrauen haben, dass wir eine allen und jedem Menschen verständliche Sprache auch im Glauben finden, aber damit nicht einfach nur uns selbst darstellen, sondern die *Großtaten Gottes* zu verkünden suchen, und zwar in jener einfachen Weise, wie wir sie erfahren haben und zu deuten vermögen, und damit auch unsere Adressaten und Adressatinnen aufhorchen lassen. Die von der Apostelgeschichte erzählten Reaktionen sind: Die Menschen geraten außer sich, werden ratlos und fragen sich, was das alles soll. Andere reagieren mit Spott: Die sind völlig betrunken (2,13).

Das kann auch heute kaum anders sein. Denn zu lange bewegte sich die kirchliche Verkündigung in einer abstrakten Sprache, die fremd ist, weil sie einer ganz anderen Zeit und Geisteswelt entstammt. Es wird ein neues Pfingsten brauchen, damit wir als gottesfürchtige Jerusalempilgerinnen und -pilger von der Größe Gottes und dem Geist Jesu in einer Weise reden lernen, die den gemeinsamen biblischen Glauben nicht verleugnet und dennoch allen Menschen zugänglich wird. Denn gerade die Außen- und Fernstehenden, die Nichteingeweihten, hat Paulus zum Maß jeder gottesdienstlichen Rede erklärt (1 Kor 14,23ff). Denn nur von der allgemeinen Verständlichkeit (und nicht einer Insider-Geheimsprache) hat er sich auch so etwas wie eine gemeinsame Gotteserfahrung aller Menschen versprochen.

30

Kirchliches Amt

Jesus wollte seine Gemeinschaft von allen Herrschaftsformen frei wissen. Deswegen soll sich niemand *Lehrer* (oder Professor) nennen lassen (denn auch das ist strukturelle Gewalt), *ihr alle aber seid Geschwister.* Und schon gar niemanden von uns dürfen wir *auf Erden Vater* (Pater oder gar »Heiliger Vater«) *nennen, denn einer ist euer Vater, der himmlische.* Und wenn es doch so etwas wie eine Rangordnung geben soll, dann zeigt die Skala eindeutig abwärts: ... *wird er euer Diener sein.* Denn *jeder, der sich erhöhen wird, wird erniedrigt werden und wer sich erniedrigen wird, wird erhöht werden* (Mt 23,8–12).

Bleibt nur noch die Frage: Wie aber soll sich dann eine Glaubensgemeinschaft im Sinn Jesu organisieren? Denn dass es immer wieder Menschen braucht, die sich für andere einsetzen, ist unbestritten, sonst gibt es kein soziales Leben. – Wir tasten uns heran:

In seinem kleinsten, aber feinsten Brief ist Paulus mit einem komplizierten Thema befasst: Einerseits muss er den entlaufenen Sklaven *Onésimos* an seinen Herrn *Phi-*

lémon zurückschicken, anderseits möchte er ihn als Mitarbeiter rekrutieren (sprich: »geschenkt« bekommen). Dabei winkt Paulus eingangs zunächst einmal damit, dass er durchaus auch *befehlen* könnte, zumal er ja beide Kontrahenten in den Glauben eingeführt hat und deswegen so etwas wie eine geistliche Vaterschaft beanspruchen dürfte. Aber die Liebe verlangt eine andere Vorgangsweise. Dabei bringt er, übrigens das einzige Mal in seinen Briefen, sein Alter ins Spiel. Er ist Senior, ein *Alter* (*presbýtēs*: Phlm 9), das heißt ab 60, hat also Lebenserfahrung und kann dementsprechend Respekt erwarten, aber auch besondere Rücksicht, weil er als derzeit *Gefangener* auf die Unterstützung von außen angewiesen ist, um nicht zu verhungern.

Doch er setzt ganz auf die Freiwilligkeit seines Gegenüber und kann deswegen nur *bitten* (*parakalṓ*), und das meint so etwas wie ›gut zureden, trösten, ermahnen‹, ein Wort, das er auch sonst oft gebraucht (und im Griechischen bis heute als ›bitte‹ zu hören ist). – (Und wenn wir ihn so nebenbei und ganz direkt zur heutigen Kirchensituation befragen könnten: Er würde vermutlich nicht nur auf *viri probati* setzen, sondern eher sogar auf bewährte Frauen, würde aber unsere Frage nach einer Weihe nicht einmal annähernd verstehen; s.u.)

Die Antike weiß jedenfalls die Lebenserfahrung der Älteren zu schätzen, denn wo hätte man sich sonst Rat geholt? Es gab ja auch viel weniger Alte als heute. Ihnen wurde z. B. die Verantwortung für die Synagogen anvertraut, die sie durch ein Kollegium wahrnahmen. Besonders politische Gesandtschaften sind ihnen so auf den Leib geschneidert, dass sich das im Wort *presbeúō* niederschlägt: ›altersgemäß/gesandtschaftlich tätig sein‹.

Genau mit diesem Ausdruck beschreibt Paulus einmal auch seine Tätigkeit und die seiner Mitarbeiterinnen und Mitarbeiter. Demnach hat eine apostolische (und kirchliche) Verkündigung die Funktion, ähnlich wie eine Gesandtschaft, im seelischen Kriegszustand, den ein unversöhntes Gottesbild auslöst, zu vermitteln. Aber auch dabei hilft nur das beharrliche *Bitten/Beten* (*déomai*) und kluges Verhandeln, nicht im eigenen Namen, sondern *für* (*hypér*) *Christus.* Doch sein Friedensangebot liegt in einem Gottesbild, das alles verändert: Es soll und kann nicht Gott umstimmen, ihn gnädig stimmen (das ist er ja schon längst und immer), sondern die Menschen ermutigen, sich *Gott gegenüber total zu verändern* (2 Kor 5,20). Die Übersetzungen lesen: »Lasst euch mit Gott versöhnen«, aber die dabei anklingenden Sühnevorstellungen führen rasch wieder vom eigentlichen Thema weg (s. 11).

Stattdessen aber kommt der Selbstwert der eigenen (kirchlichen) Tätigkeit verstärkt ins Spiel. Dabei wird aus der *gesandtschaftlichen Tätigkeit* und der damit verbundenen Bitte *für Christus* ein förmlicher »Diplomatenstatus« abgeleitet: »Wir sind Gesandte an Christi statt« (EÜ) bzw. »Botschafter an Christi statt« (Lutherbibel), obwohl es nur schlicht heißt: *Wir sind für Christus gesandtschaftlich tätig* ... und *wir bitten für Christus: Lasst euch Gott gegenüber total verändern.*

Zwar bedeutet das Wort ›Apostel‹, dass jemand nicht für sich selbst spricht, sondern als Sendbote eines anderen fungiert. Aber das Jesuswort: *Wer euch aufnimmt, nimmt mich auf* (Mt 10,40), bewirkt keine überhöhte Autorität, sondern weist eher nach unten, auf die Repräsentation Jesu im *Letzten der Geschwister* (Mt 25,40) bzw. in einem *von diesen kleinen Kindern* (Mk 9,37). Die Verkündigung des gütigen Vatergottes Jesu schließt alle Sühne- und Opfervorstellungen aus, es werden dazu auch keine religionsgeschichtlichen (Opfer-)Priester (*hiereús*) mehr benötigt. Wenn schon Priester und Priesterinnen, dann sind es ohnehin gleich alle (Offb 1,6; s. 31). In diesem Sinn kann auch Paulus, und nur *dem Evangelium Gottes ›priesterlich‹ dienen* (Röm 15,16). Denn er kommt aus dem Gottesdienst der Synagoge, der mit einer Kulthandlung nichts zu tun hat. Von ihren *Presbytern* (Ältesten) leitet sich ja auch sinnigerweise unser deutsches Wort Priester ab.

Unsere heutige Frage nach einer priesterlichen Leitung im frühchristlichen Gottesdienst stellt sich gar nicht. Sie wäre auch Paulus nie gekommen, denn als Gast bei einem Hausgottesdienst kann er zwar zum Segensspruch eingeladen werden, aber nie die Rolle der Gastgeber und Gastgeberinnen übernehmen. Auch im Gemeindeleben innerhalb dieser überschaubaren Größenordnungen standen ohnehin ganz andere Fragen an: Wer kümmert sich um die unterschiedlichen Bedürfnisse und Begabungen, vernetzt alle und alles möglichst gut miteinander. Für Paulus wichtig sind: *Wirkkräfte,*

Heilungscharismen, zuvorkommende Hilfeleistungen, Steuerungsfunktionen, Sprechweisen/Sprachweisheiten usw. (1 Kor 12,28). Alle sollen ihren Beitrag für die Gemeinschaft leisten, mit ihrem *eigenen Charisma von Gott*, die einen so, die andern so (1 Kor 7,7).

Das alles aber braucht Vorbereitung und Organisation. Paulus spricht in diesem Zusammenhang von *›vorsorgen, sich einsetzen‹* und ähnlich (*proïstánai*). Doch sowohl die katholische wie evangelische Übersetzung hören sogleich »vorstehen« (1 Thess 5,12). Während die Lutherbibel im ältesten Paulusbrief so fortfährt: »Achtet, die sich unter euch mühen und euch vorstehen im Herrn und euch ermahnen …«, heißt es in der EÜ ziemlich massiv: »und euch zurechtweisen«, obwohl eigentlich gemeint ist: *ans Herz/in den Sinn legen* (*noutheteín*).

Die *Führenden* (*hēgoúmenoi*: Hebr 13,7.24) des Gottesvolkes, das unterwegs ist, versteht die Lutherbibel als »Lehrer«, die EÜ erkennt in ihnen formell »Vorsteher«, womit einfache Funktionsbeschreibungen (in Partizipialformen) unter der Hand zu späteren kirchlichen Amtstiteln umetikettiert werden. Nur wenn das ›Vorsorgen‹ (s.o.) einmal tatsächlich als formeller Titel (*prostátis*; lateinisch *patróna*: Röm 16,2) begegnet, und zwar bei *Phöbe, der Diakonin der Kirche von Kenchreä*, üben sich die Übersetzungen (wie schon Hieronymus) im Understatement: »denn für viele war sie ein Beistand, auch für mich selbst« (EÜ) bzw. »sie hat vielen beigestanden …« (Lutherbibel).

Kehren wir zu Jesus zurück: Er hat seine Sendung als *dienen und nicht bedient werden* beschrieben, und sich dabei von jeder Art von *Hinunterbeherrschen* abgegrenzt (Mk 10,42–45). Er meinte vor allem das Dienen bei Tisch (*diakoneín*), sprich: seine Tischgemeinschaften mit den Ausgegrenzten. Sie sind das Herzstück seines Programms, das immer wieder in Erinnerung gerufen und gefeiert werden möchte. Aber wie? – Johannes hat es uns mit der Fußwaschung Jesu (Joh 13) auch körpersprachlich angezeigt: Auch und gerade im Umgang mit dem Heiligen darf von Menschen keine Herrschaft oder Ausgrenzung ausgeübt werden. Wenn schon jemand knien muss/soll, dann ist es der Geber der Gabe, nicht die, die sie empfangen.

31

Apokalyptisch – eine Katastrophe?!

Apokalyptisch bezeichnet umgangssprachlich eine Katastrophe unvorstellbaren Ausmaßes. Das ist ein bedauerliches Missverständnis. Denn das Verb *apo-kalýptō* meint ›offenbaren, enthüllen, den Schleier (der Erkenntnis) wegnehmen‹, und nicht jene Horrorszenarien, die der Volksmund darin bestätigt findet, aber von einer Erkenntnis noch meilenweit entfernt ist.

Zugegeben: Die Apokalypse oder *Offenbarung*, zwar nicht die des Johannes, wie wir sie gemeinhin nennen, sondern *Jesu Christi* (1,1), das letzte Buch der christlichen Bibel, ist nicht leicht zu lesen und zu verstehen. Die Westkirche war schon früh fasziniert davon, sie wurde sogar zum wichtigsten Bildgeber der europäischen Kunst: vom geschlachteten Lamm über die Himmelsfrau, die vier Reiter, das Weltgericht bis hin zum himmlischen Jerusalem. Die orthodoxen Ostkirchen lesen sie zumindest im Gottesdienst nicht und sie hat dort auch sonst wenig Nachhall, die syrisch-orthodoxe führt sie nicht einmal im Kanon.

Das Verständnisproblem wird freilich damit nicht gelöst, denn ähnliche Texte finden sich auch anderswo in der Bibel, nicht nur im Alten Testament, sondern auch in der »synoptischen Apokalypse« (Mk 13 par). Doch ist die Bibel kaum jemals zu verstehen, wenn ihre Bildsprache ein siebenfach versiegeltes Buch bleibt.

Seit Jahrzehnten boomen apokalyptische und postapokalyptische Filme, aber sie gründen auf falschen Annahmen. Die biblische Prophetie, auf der auch die reiche apokalyptische Literatur aufbaut, bietet keine Weissagungen zukünftiger Ereignisse. Wohl aber konnten und können wachsame Zeitgenossen und Zeitgenossinnen immer einigermaßen abschätzen, dass etwas böse enden wird, wenn die Zustände und das Verhalten nicht verändert werden, und deswegen *reden* sie auch *vor* der Öffentlichkeit (*pro-phēmí*), obwohl sie meist nicht gerne gehört werden und deswegen schreiben, um ihrer Botschaft wenigstens später Gehör zu verschaffen. Aber konkrete Zukunftsvorhersagen – wie sollten solche zustandekommen, und wem sollten sie wirklich etwas bringen?

Der Supergau von Tschernobyl, das auf Ukrainisch ›Wermut‹ bedeutet, war kaum schon mit dem Wermutstern aus der Offenbarung (8,10f) vorausgesagt. Dann nämlich hätten Jahrhunderte zuvor die Stelle völlig vergeblich gelesen bzw. wäre sie nach dem einschlägigen Ereignis als erledigt abzulegen. Denn dass die Atomenergie ein Wahnsinnsrisiko der Menschheit ist und bleibt, wissen wir auch ohne Bibel, und ihre Folgen beträfen und betreffen im Ernstfall sicherlich mehr als ein Drittel aller

Flüsse wie beim apokalyptischen Stern. Doch dass Wermut einen bitteren Geschmack hat, ist allgemein bekannt, ebenso dass trinkbares Wasser immer knapper wird, das Meer zur Müllhalde verkommt. Aber die Bibel kann uns vielleicht helfen, herauszufinden, was an unseren Reaktionen taugt und was die Situation verschlimmert.

Filme erzählen möglichst konkret bis spektakulär, sie setzen auf eine zeitliche Abfolge, streben einem Höhepunkt zu. Das muss nicht unbedingt ein *happy end* sein, auch das Gegenteil ist spannend, vielleicht sogar noch mehr. Aber die neutestamentliche Apokalypse ist kein Drehbuch für Gruselgeschichten. Ihre Bilderfolgen sind zwar in Siebener-Reihen aufgebaut, aber es sind stehende Bildfriese, die trotz aller Dynamik und Dramatik der einzelnen Szenen die Handlung nicht wirklich vorantreiben. Das Werk hat mit der Erwähnung der Kreuzigung und nachfolgend der Geburt Jesu (11,8; 12,5) eine optische und innere Mitte. Es lädt zum Innehalten und zur Meditation ein. Die Bildmotive hingegen können sich wiederholen, eine zeitlich-logische Abfolge ist nicht beabsichtigt.

Es ist auch nicht so, dass der Verfasser von chaotischen Visionen nur so überschwemmt worden wäre. Denn es lassen sich seine Vor-Bilder identifizieren, wenn er fast 600 Mal auf das Alte Testament zugreift, vor allem auf prophetische Bücher wie Jesaja, Ezechiel oder Daniel, aber auch im Exodus fündig wird, nicht nur bei den ägyptischen Plagen (Ex 7–9), auf die er sich mit den Zornesschalen (Offb 16,2ff) deutlich bezieht. Aus Daniel 7 beispielsweise ist zu erfahren, dass die Visionen eigentlich

Traumbilder sind, und solche werden mit Methoden der Traumdeutung eher verständlich denn als reale zukünftige Objekte. Das gilt auch für jene Bilder, die der Verfasser der Apokalypse übernimmt. Doch all diese Anleihen schmälern sein authentisches Erleben nicht, denn wenn er diese Texte liest, nehmen sie auch in ihm Gestalt an, ist er mit »im Bilde« und deutet sie aus seiner Sicht Jesu und der zeit- und kirchengeschichtlichen Situation heraus neu.

Wenn

> *die Sterne des Himmels auf die Erde fielen wie der Feigenbaum seine Spätfeigen wirft, wenn er vom großen Wind erschüttert wird* (6,13) oder *der Schwanz* [des Drachen] *ein Drittel der Sterne des Himmels wegfegte und sie auf die Erde warf,* (12,4)

dann könnte die Geschichte der Erde und der Menschheit realistischerweise nicht mehr weitergehen. Also können und wollen diese Bilder keine kosmischen Ereignisse ankündigen, sondern da krachen »Weltbilder« zusammen, fallen bisherige Leitsterne und Stars vom Himmel und bringen so heftigste seelische Prozesse zum Ausdruck, die sich wie Katastrophen anfühlen, aber eigentlich schon das Umkehren, die Gegenwendung (*kata-stréphō*) zum Besseren einleiten.

Bisweilen kann die Apokalypse auch konkret werden, wenn sie den Märtyrer *Antipas* in Pergamon nennt (2,13), auf einen 12-fach erhöhten Weizenpreis anspielt (6,6) oder den (römischen) Frieden von den *Königen des Ostens* bedroht sieht (16,12), was zu ihrer Entstehungszeit tatsächlich der Fall ist. Doch mit biblischen Chiffren wie *Bileam* oder *Isebel* kann sie auch die Profile ihrer innerkirchlichen Gegnerschaft gut verschleiern (2,14.20). Die *Unzucht* und *die große Hure Babylon* (17) zielen nicht auf die Prostitution, sondern auf den Götzendienst des Kaiserkults, die ominöse Zahl *666* gibt nicht nur je nach zugrunde gelegtem lateinischen, griechischen oder hebräischen Alphabet unterschiedliche Namensrätsel von Herrschern auf (13,18), sondern zitiert auch das exakte Jahreseinkommen *Salomos* an *Goldtalenten* (1 Kön 10,14; 2 Chr 9,13: noch ohne Handelszölle und Tribute). Das dürfte wohl auf den für beide Seiten gewinnbringenden Kaiserkult hinweisen, denn Städte, die einen Kaisertempel errichteten, waren steuerbegünstigt.

Insgesamt haben wir es eher mit Metaphern und Bildvergleichen zu tun. Nicht umsonst heißt es 71-mal ›*wie*‹, 21-mal ›*ähnlich*‹. Wenn der Autor Jesus als *Lamm wie geschlachtet* beschreibt (Offb 5,6; 13,8), braucht er kein reales Lamm mit den Missbildungen von *sieben Hörnern* und *sieben Augen* vor sich zu sehen, sondern er schreibt Jesus (wie schon der Täufer in Joh 1,29) metaphorisch die Kraft der Gewaltlosigkeit zu, die selbst im Tod nicht daniederliegt, sondern *steht* und aufersteht (Offb 5,6). Aber es sind und bleiben »Seelenbilder«, und wenn die Perspektiven und Aspekte wechseln, bedarf es keiner äußeren Metamorphosen oder eines Kostümwechsels, wenn Jesus nicht nur als Lamm, sondern auch als *Löwe*

Juda (5,5) oder der *auf weißem Pferd Sitzende* (19,11) eingeführt wird.

Zu den *Augen* des Lammes bietet die Apokalypse die Erklärung an, dass es die (*sieben*) *Geister Gottes* sind, *die auf die ganze Erde ausgesandt sind* (5,6). Schon zu Beginn wird so etwas wie ein Universalschlüssel zur Deutung der Bildersprache offeriert: Da hat einer *wie ein Menschensohn* (sprich: Einzelmensch) *in seiner Rechten sieben Sterne,* und diese sieben Sterne sind *die Engel* der sieben Gemeinden, die auch der siebenarmige Leuchter abbildet (1,13.20). Der vernetzte Sinn: Nur wenn Jesus *inmitten* seiner Kirchen wandelt (1,13) und sie sich von seiner *Rechten* gehalten bzw. von ihrem Gemeindeengel beschützt wissen (1,16), können sie so etwas wie *Licht der Welt* (Mt 5,14) sein.

Die Sieben bildet die herausragende Struktur- und Ordnungszahl des Werkes. Nicht nur in den gezählten *sieben Siegeln,* den *sieben Posaunen* und parallel dazu den *sieben Zornesschalen.* Am Anfang stehen sieben (ungezählte) Sendschreiben, am ausführlichsten das vierte, gegen Ende ebenso viele Schauungen (Offb 19,11 – 21,1). Meist übersehen werden die sieben, über das ganze Werk verteilten *Seligpreisungen* (1,3; 14,13; 16,15; 19,9; 20,6; 22,7.14), die den Kontrapunkt zu den sieben (meist verdoppelten) *Weherufen* bilden. Die Sieben ist sogar bis in die Wortstatistik hinein wirksam. Bei einem Wortschatz von gut 900 Worten kommen 30 gezählte genau 7-mal vor: nicht nur das schon erwähnte *selig,* sondern auch *würdig, Kairos, Prophetie, Geduld, Unzucht, Siegel, rufen, Psychē, Holz,*

Kleid, es ist notwendig, als König herrschen, so (*hoútōs*), *Christus* u. a. Das kann kaum Zufall sein. Auch das Vielfache der Sieben wird sorgsam eingesetzt: 14-mal: *wehe, Stern, Knecht, Jesus* u. a., 21-mal *König, ähnlich, Tag* u. a., 28-mal *werfen*, 42-mal *damit*, 49-mal *dieser* (*hoútos*), 63-mal *sehen* und 441-mal (63 x 7) *er* (*autós*).

Das alles deutet auf eine penible numerologische Gestaltung hin. Die Herstellung des Textes als eines Gewebes von Worten (lateinisch: *texo – textum*) ist jener eines Bildteppichs vergleichbar, das Material eher feine Seide als grob eingefärbte Wolle. Die Motive werden sorgfältig eingeflochten. Neben den Zahlen wie zwölf (12,1) bzw. ihr Vielfaches als 144 (14,1; 21,17) oder 24 (4,4) spielen auch die Farben, vor allem das liturgische Weiß (der Täuflinge und Priesterinnen und Priester) und unterschiedlichste Rot (feuerrot, scharlachrot, purpur, Blut) eine symbolträchtige Rolle, bzw. diese können sich auch paradox überkreuzen, wenn *die aus der großen Bedrängnis Kommenden ihre Kleider ›im Blut‹ des Lammes ›weiß‹ gewaschen haben* (7,14).

Die vielen Anspielungen an das Alte Testament und die heilige Zahl des Judentums zeigen, dass die Offenbarung fest im Judentum verwurzelt ist und bleibt, auch wenn sie mit der *Versammlung* (nicht: Synagoge) *des Satans* eine harsche Kritik an Leuten übt, *die sagen, selbst Juden zu sein, aber es nicht sind, sondern lügen* (3,9), anscheinend selbst gar nicht beschnitten sind (Martin Karrer, Johannesoffenbarung, 2017). Den Satan kann die Apokalypse allerdings ziemlich leicht in den Mund nehmen

(2,9.13.24), er scheint ein gängiges »Argument« gegen Gegner aller Art zu sein, verliert aber dadurch auch einiges seiner Dämonie.

Dass die Apokalypse bereits erste Verfolgungen durch den römischen Staat miterlebt, ist evident (2,10.13; 6,9; 11,7–12). Ob ihr Autor Johannes auf Patmos in Verbannung ist, lässt sich aus 1,9 jedoch nicht sicher erschließen. Ihr konkreter Anlass ist zweifellos der mit Hilfe der Ökonomie dem ganzen Reich aufoktroyierte Kaiserkult, den schon die Kaiserbildnisse auf den Münzen transportieren. Ihm konnten die Stadtchristen und -christinnen – und anfänglich ist das Christentum eine reine Stadtreligion – am Fleischmarkt nicht entgehen, wenn er sich (wie in Pompej) vor den zu verehrenden Kaiserstatuen abspielt. Denn für die Verweigerung eines Weihrauchopfers drohten schwerste Repressionen wie Verbannung und Tod. Die Apokalypse karikiert diesen Kult als Tier aus dem Meer (von Rom kommend) samt seinem lokalen Beauftragten, dessen Standbild angebetet werden muss, um am Wirtschaftsleben überhaupt teilnehmen zu können (13,17), während die Gefolgschaft des Lammes ohne jeden Zwang erfolgt (14,4).

Vor und zwischen die Siebener-Reihen sind andere große Visionen eingeschoben wie der Thron Gottes (4), das Lamm mit dem Buch mit den sieben Siegeln (5), die Versiegelung der Knechte (und Mägde) Gottes (7), der Engel mit dem Büchlein (10), die Vermessung des Tempels (11), die Frau und der Drache (12), das Tier aus dem Meer und das Lamm (13f), die Gerichtsankündigung und

Stunde der Ernte (15), die Hure Babylon und ihr Ende (17f), der himmlische Jubel (19), das tausendjährige Reich (20) und schließlich das neue Jerusalem (21f). All diese Zusammenhänge können jedoch nur bewusst werden, wenn die Apokalypse auch ganz gelesen wird und wir sie nicht schon bei der ersten Dramatik verzweifelt aus der Hand legen.

Die von ihr angesagte Erlösung beginnt jedoch nicht erst mit dem vierfachen *Halleluja* gegen Ende (19,1.3f.6), sondern zieht sich von Anfang an durch. Immer wieder werden Doxologien und Hymnen (1,5f; 4,8; 5,9–14; 11,15–18; 12,10ff; 15,3f) laut. Denn auch und gerade in den Bedrängnissen ist die Präsenz Christi schon jetzt spürbar. Sie darf auch von uns nicht erst ans Ende der Zeiten und ins Jenseits ausgelagert werden. Denn das himmlische Jerusalem steigt in seiner gigantischen kubischen Größe von 12.000 Stadien (als vertausendfachte Zwölf: 21,16) bereits jetzt auf die Erde nieder. Die 144.000 Geretteten (7,4) stehen für die Universalität des Heils, was leider die EÜ (ohne die frühere Anmerkung zu 7,4–17) in 14,4 nicht mehr wirklich sichtbar macht: »Sie *allein* [Hervorhebung von mir] unter allen Menschen sind freigekauft ...«. Von einer solchen Einschränkung steht allerdings nichts im Text (richtig die Lutherbibel).

Die Zahlensymbolik kann auch in überraschenden Varianten auftauchen. So wie die Sieben die heilige Zahl Gottes ist, ist die zerbrochene, halbierte Sieben die Zahl und Zeit der Bedrängnis, des Unheils. Als solche hat sie bereits Daniel 7,25 ausgerufen. Die Apokalypse übernimmt seine Chiffre (11,11; 12,14), transformiert sie aber auch in 42 Monate (11,2; 13,5) oder 1.260 Tage (11,3) und versichert im Hymnus, dass die *Zeit* (*kairós*) der Bedrängnis *wenig/gering* (12,12) ist, worüber der Teufel (*diábolos* als ›Durcheinanderwerfer‹) in der Gestalt des aus dem Himmel gestürzten Drachens allerdings noch mehr irritiert ist. Die Gläubigen aber können sicher sein, dass sie keinen himmlischen Ankläger, der der *Satan* ursprünglich war (Ijob 1/2), mehr haben (Offb 12,10) und dass auch dessen irdische Zeit klar begrenzt ist.

Besonders die Gerichtsszenen, das tausendjährige Reich und der zweite Tod im Schwefelsee (19f) bleiben als »Realobjekte« und zudem ins Jenseits verlegt, ohne jeden Sinn und Hoffnung. Doch all diese Probleme sollten uns nicht davon abhalten, die vielen Perlen zu suchen und zu würdigen, die dieses Werk ebenso zu bieten hat. Nur einige wenige sind kurz anzusprechen:

Bereits zu Beginn würdigt der Lobpreis Jesus dafür, dass

> *er uns geliebt und durch sein Blut von den Sünden gelöst und zu einer Königsherrschaft und zu Priestern und Priesterinnen für Gott seinen Vater gemacht hat.* (1,5f; ähnlich 5,10; 20,6)

Das sollte eigentlich alle Diskurse um das Priestertum in der katholischen Kirche mit einem Schlag verstummen lassen. Oder ein Satz aus den Sendschreiben, der jederzeit Gültigkeit hat: *Halte was du hast, damit niemand dei-*

nen Kranz (Lutherbibel: »Krone«) *nimmt* (3,11). Die EÜ liest weiterhin: »damit kein anderer deinen Kranz bekommt«, als ob das ein fremdbestimmtes Schicksal wäre und nicht in unserer Hand läge. Bemerkenswert auch das entlastende Verständnis der Eucharistie, das im letzten Sendschreiben hör- und sichtbar wird:

> *Siehe ich habe mich hingestellt zur Tür und klopfe. Wenn wer meine Stimme hört und die Tür öffnet, ich werde eingehen zu ihm/ihr und Mahl halten mit ihm/ihr und er/sie mit mir.* (3,20)

Eucharistie als Mahlgemeinschaft mit Jesus, das ist eine Sichtweise, über die mehr nachzudenken lohnt!

Die Apokalypse ist ein grandioses Bilderbuch mit viel Licht, aber auch starken Schatten. Sie möchte nicht Angst machen, sondern mahnt zur *Geduld* (13,10; 14,12), nicht nur um die unvermeidlichen Leiden zu bestehen, sondern um neue Erkenntnisse zu ermöglichen, was mitunter auch sehr schmerzvoll sein kann. Doch sie bietet uns (die in der Antike sehr beliebte) *Augensalbe* (3,18) an, damit wir ihre Enthüllungen Jesu auch wirklich einsehen können. Denn es gibt noch reichlich Perspektiven und Seiten an ihm zu entdecken, die uns bisher verschlossen waren. Sie aufzudecken, wäre eine echte Offenbarung.

32

Was heißt Versöhnung?

»Das Paar war eine Zeit lang zerstritten, aber sie haben sich schließlich wieder versöhnt« oder »Herr X hat tapfer gegen sein Schicksal angekämpft, aber sich dann doch damit ausgesöhnt.« In solchen und ähnlichen Zusammenhängen ist im Alltag von Versöhnung die Rede. So etwa wäre sie auch, religiös betrachtet, zu verstehen. Ist sie aber nicht. Denn das Wort ›versöhnen‹ hat nichts mit unseren ›Söhnen‹ zu tun, sondern meint ›sühnen‹, und steht ganz im Dunstkreis von Bestrafung und Buße. Dabei wäre auch Letzteres nicht so falsch, wenn wir aus dem ›Büßen‹ noch die altgermanische Wurzel ›verbessern‹ heraushören könnten, während es in der Praxis meist sinnlose (Selbst-)Quälerei bedeutete. Aber es wäre noch einigermaßen plausibel, dass Konflikte und Kränkungen auch so etwas wie einen emotionalen Ausgleich brauchen, um wirklich bereinigt werden zu können. Wenn jedoch dieser Ausgleich in Bestrafung abgerechnet werden soll, ist die Beziehung ohnehin nicht mehr zu retten. Auch nicht eine Gottesbeziehung.

Doch nach wie vor kursieren Gerüchte, dass die Menschen mit ihren Sünden Gott fürchterlich beleidigt hätten. Zudem bemaß sich aus der Sicht des frühen Mittelalters die Größe eines Verbrechens vor allem am Standesunterschied zwischen Täter und Opfer. Der ist zwischen Gott und Mensch bekanntermaßen bzw. vermutet unendlich groß. Woraus sich ein so ungeheures Ausmaß göttlicher Beleidigung errechnete, dass es von allen Menschen zusammen gar nicht mehr abzudienen war, und Gott somit selbst mit seinem Sohn »aushelfen« musste. Diese spitzfindige Erklärung machte Schule, ohne jemals Dogma zu werden. Das Unheil, das sie angerichtet hat, wird damit freilich nicht geringer.

Dabei klingt sie zunächst ziemlich bescheiden und sogar gottesfürchtig. Doch zu leben ist damit nicht, denn sie erzeugt Furcht und wieder Furcht. Es kann uns nicht wirklich beruhigen zu hören, dass wir nur deswegen einigermaßen glimpflich davon kommen, weil Jesus bereit war, eine so schreckliche Strafe »für uns« auf sich zu nehmen, um uns »von unseren Sünden« zu erlösen. Unser schlechtes Gewissen glaubt es ohnehin nicht recht, denn die Bitte um Vergebung kann in den Gottesdiensten anscheinend gar nicht oft genug wiederholt werden. Und was ist mit jenen, die von solchen Amnestiemöglichkeiten nichts wissen oder sie aus Überzeugung ablehnen? Fallen sie etwa durch das Netz göttlicher Barmherzigkeit ins Nichts oder gar in die Hölle?

Es ist jedoch auch nicht leicht zu verkraften, wenn wir nach näherem Nachfragen schlussendlich doch eingestehen müssen, dass wir guten Glaubens lange einem Gottesbild nachgelaufen sind, das fürchterlicher gar nicht sein kann, wenn er angesichts seiner Beleidigung keinen anderen Ausweg mehr wusste, als seinen Sohn für uns und unsere Sünden ›sühnen‹ zu lassen. Solch göttlicher Sadomasochismus ist krank, macht krank und zieht Hekatomben an weiteren Opfern nach sich. Die dahinter stehende Logik ist gotteslästerlich, inhuman und anmaßend, wenn Menschen der Meinung sind, sie könnten mit ihrer Schuld Gott derart manipulieren. Denn wer führte dann eigentlich noch die Regie?

Das alles wird sprachlich verschleiert, wenn die EÜ beteuert, dass Jesus als *guter Hirte sein Leben* »hingibt« (Lutherbibel: »lässt«: Joh 10), obwohl er es *einsetzt*, was etwas ganz anderes bedeutet, oder dass *er gehorsam war bis zum Tod am Kreuz* (Phil 2,8), so als ob Gott sich ein solches Schreckensszenario zu seiner »Satisfaktion« ausgedacht hätte, während es einzig darum geht, dass Jesus sich und seinem Gewissen treu bleiben wollte und deswegen auch leiden *musste* (Lk 24,26), sich aber dabei nicht einer absurden göttlichen Willkür unterwarf, die seine Bestrafung »stellvertretend« für uns zu akzeptieren bereit war. Solche Rechnungen können freilich nie aufgehen. Daher musste anscheinend sogar der einmalige Kreuzestod Jesu als »Opfer der Versöhnung« Gott andauernd vor Augen gehalten und »gegenwärtig« gesetzt werden. Denn nur so war man sich seiner Gnade einigermaßen sicher.

Mit merkwürdigen Auswüchsen: Mehr als 150 Messen täglich wurden allein im Wiener Stephansdom »gelesen«, wo erst der aufgeklärte Kaiser Joseph II. beschied: Eine Messe pro halbe Stunde reicht auch! Dass in den zahlreichen umliegenden Kirchen dasselbe geschah, versteht sich, denn die vielen Seitenaltäre in unseren gotischen und barocken Kirchen geben noch von diesem Gnadenstress Kunde: Sie wurden in »Beimessen« zum Hochamt am Hauptaltar synchron bedient, um vereint den Himmel zu bestürmen, die armen Seelen aus dem Fegefeuer aufzunehmen. Doch auch dieses Unternehmen konnte zu einer ziemlich zähen Angelegenheit werden, wenn für den um 1190 am Kreuzzug in der Türkei ertrunkenen Kaiser Friedrich Barbarossa bis über die Mitte des vorigen Jahrhunderts in einigen Schwarzwaldpfarreien noch Seelenmessen gelesen wurden, um seinen auf ewig eingerichteten (und mittlerweile aufgehobenen) Kloster- und Messenstiftungen Genüge zu tun. Doch wie merkwürdig musste dabei über Gott und seine Gnade eigentlich gedacht werden? Einträglich waren diese Ideen allemal.

Aber es sind und bleiben virtuelle Rechnungen, denn sie wurden ohne den gastfreundlichen Wirt und Hausvater Jesu gemacht. Wir kommen also nicht umhin, in vielerlei Hinsicht das Christentum völlig neu verstehen und leben zu lernen. Anscheinend haben wir von Jesus doch noch nicht richtig gehört, ihn jedenfalls nicht wirklich verstanden oder kurzerhand uminterpretiert. Er wollte und konnte nach alldem, was wir über ihn in Erfahrung bringen können, keine Sündenstrafen für uns abbüßen, nichts vor Gott für uns »sühnen«, sondern stieg freiwillig ans Kreuz, um für seinen Glauben an einen gütigen Gott unter erschwerten Bedingungen Zeugnis abzulegen (s. 19). Nur deswegen ist auch *für uns* die leidige Sündenfrage vor Gott endlich vom Tisch. Wir brauchen uns nicht mehr ständig unter unserer Selbstanklage vor ihm zu verkrümmen oder reumütig an die Brust zu schlagen. Andererseits können wir die Folgen unseres Handelns auch nicht mehr einfach ins Jenseits abschieben, wir müssen sie selbst verantworten, mit ihnen leben, und zwar hier und jetzt schon. Versöhnung in uns und untereinander ist angesagt, *wir* müssen vergeben, gütiger werden, auch mit uns selbst (s. 11).

Jenseitige Gnadenrechnungen stehen uns nicht zu, wir haben dort ohnehin keinen Einblick und schon gar nicht den Überblick. Es sind nichts als eigene Projektionen, ins Unendliche hochgerechnet, wo sie sich jeder Überprüfung entziehen, aber in Wirklichkeit das eigene unreife Über-Ich für Gott halten und nur daran hindern, das Leben zu leben, denn es könnte ja immer etwas falsch sein und den »Zorn Gottes« hervorrufen. Andererseits kann es gerade nach gutkirchlicher Sozialisation eine ziemlich anstrengende Arbeit werden, die vielen Fallstricke und Trugschlüsse aufzudecken, um den selbstgebastelten Götzen dahinter zu enttarnen. Lieben konnten wir ihn ohnehin nicht, wenn wir ihm so viel Aggression zuschrieben, dass er seinen Sohn sterben sehen wollte, um wieder gnädig sein zu können. Mehr Frustration und Hass auf den Gott der Liebe zu projizieren, ist gar nicht mehr denkbar. Nur schien es den wenigsten aufzufallen. Es galt ja als fromm.

Hier kommt wieder Paulus ins Spiel. Wenn er von »Versöhnung« spricht, dann meint er keine kultisch-rituelle Veranstaltung, keine von uns zu erbringende Gebets- oder Bußleistung, sondern etwas ganz Banales, Alltägliches. Er setzt bei der Erfahrung eines zerstrittenen Ehepaares an, das wieder zusammenfinden soll (1 Kor 7,11). Das paulinische Stichwort dazu heißt ›*totale Veränderung*‹ (s. 11 und 30), also etwas ganz anderes, als wir bisher über Gott dachten und deswegen mit ihm im Grunde unseres Herzens nur hadern konnten. Doch auch der religiöse Eiferer Paulus hat sich irgendwann zur jesuanischen Lösung des Problems durchgerungen. Worin besteht sie?

Jesus hat von seinem Gott nicht nur in schönen Gleichnissen gesprochen, sondern dessen freundliches Wesen den Menschen auch emotional-körperlich nahegebracht, indem er sich den Armen, Hungernden und Trauernden zuwandte (und den schon getrösteten *Reichen, jetzt Gesättigten* und *jetzt Lachenden* durchaus auch die Leviten lesen konnte: Lk 6,24f), den Schwachen und Kranken *diente* und sie dadurch *heilte* (›*therapierte*‹). In seiner Antrittsrede in Nazaret hat er *ein Gnadenjahr des Herrn* ausgerufen (Jes 61,2; Lk 4,19) und damit eine neue heilsame Zeit angesagt. Am meisten aber musste es gerade die religiös Bemühten irritieren, dass er *mit Zöllnerinnen, Zöllnern und Sündigen* zu Tisch lag, was ihm seinen nachweislich schlechten Ruf einbrachte (Mt 11,19 par Lk 7,34) und schließlich sogar sein Leben gefährdete (denn wo kämen wir denn hin, wenn der Himmel so billig zu haben wäre?). Doch er konnte mit seinem liebevollen Verhalten bei Tisch so etwas wie die Nähe Gottes erfahrbar machen. Er steckte nicht zurück, konnte es gar nicht, wenn er seinen Gott nicht verraten wollte.

Die frühe Kirche ist seinem Beispiel mutig gefolgt und hat das *Brotbrechen* und Miteinanderessen über alle Grenzen hinweg als sein bleibendes Vermächtnis weiter praktiziert. Das »Seht, wie sie einander lieben« (Tertullian, Apologeticum 39,7) wurde ihr Erfolgsrezept. Daran hat sich bis heute nichts geändert. Wo das erlebbar ist, halten die christlichen Gemeinden der zunehmenden Verdunstung noch einigermaßen stand und sie werden es auch in Zukunft tun. Doch sie werden auch ihre bisherigen zu selbstgenügsamen rituellen Feierformen so weit öffnen (müssen), dass wirklich alle Menschen sich am Tisch des Herrn willkommen fühlen können. Dann aber werden wieder mehr Menschen als heute aufrichtig »Danke« sagen. Auf Griechisch heißt das übrigens immer noch *eucharistṓ* (gesprochen: *efcharistṓ*). Es ist zwar nur ein einziges Wort, aber es ist fast schon unser ganzer christliche Glaube. Wir sollten allen daran Anteil geben.

Nachweis der Erstveröffentlichung

14 (Kurzfassung) in: Kontakt. Informationen der Pfarre Graz-St.Veit, Nr. 242, 52. Jg. März–Mai 2020, S 6.

23 Erstveröffentlichung in: Wir sind Kirche Österreich Nr. 104 / Winter 2019/20, S. 12f (gekürzt).

Bibelstellenverzeichnis